内蒙古财经大学重点学科建设经费资助
中蒙俄经贸合作与草原丝绸之路经济带构建研究协同创新中心资助

中蒙文化交流
与文化产业合作研究

The Mongolian cultural exchanges
and cooperation in the cultural industry research

张智荣　柴国君/主编

图书在版编目（CIP）数据

中蒙文化交流与文化产业合作研究/张智荣，柴国君主编.—北京：经济管理出版社，2016.6
ISBN 978-7-5096-4245-0

Ⅰ.①中… Ⅱ.①张…②柴… Ⅲ.①中外关系—文化交流—研究—中国、蒙古国②文化产业—产业合作—研究—中国、蒙古国 Ⅳ.①G125 ②G131.15 ③G124 ④G131.14

中国版本图书馆 CIP 数据核字（2016）第 027039 号

组稿编辑：王光艳
责任编辑：赵晓静　许　兵
责任印制：黄章平
责任校对：超　凡

出版发行：经济管理出版社
（北京市海淀区北蜂窝 8 号中雅大厦 A 座 11 层　100038）
网　　址：www.E-mp.com.cn
电　　话：(010) 51915602
印　　刷：北京九州迅驰传媒文化有限公司
经　　销：新华书店
开　　本：720mm×1000mm/16
印　　张：10.75
字　　数：205 千字
版　　次：2017 年 1 月第 1 版　2017 年 1 月第 1 次印刷
书　　号：ISBN 978-7-5096-4245-0
定　　价：48.00 元

·版权所有　翻印必究·
凡购本社图书，如有印装错误，由本社读者服务部负责调换。
联系地址：北京阜外月坛北小街 2 号
电话：(010) 68022974　　邮编：100836

编 委 会

主　编：张智荣　柴国君
副主编：曹　荣　李　彪
成　员：(以姓氏笔画为序)
　　　　王葱葱　王瑞永　王　琳　李景东
　　　　林海英　杨文兰　韩庆龄

序

"一带一路"背景下中蒙文化交流和文化产业合作

我国提出建设"丝绸之路经济带"和"21世纪海上丝绸之路"的倡议（以下简称"一带一路"），这是我国加强与周边国家往来的重大战略构想，受到国内外广泛关注。无论是"丝绸之路经济带"，还是"21世纪海上丝绸之路"，都蕴含着以经济合作为基础和主轴，以人文交流为重要支撑，秉持开放包容的合作理念。特别是"一带一路"将中亚、南亚、东南亚、西亚等次区域连接起来，有利于各区域间互通有无、优势互补，建立和健全亚洲供应链、产业链和价值链，使泛亚和亚欧区域合作迈上新台阶。同时，"一带一路"战略构想的提出，契合沿线国家的共同需求，为沿线国家优势互补、开放发展开启了新的机遇之窗，是国际合作的新平台。

为了促进"一带一路"战略的实施，在2014年的北京APEC会议上，习近平主席表态，为打破亚洲互联互通的瓶颈，中国将出资400亿美元成立丝路基金，在丝路基金总额中主动承担几乎近半的建设基金。此举一出，引起国内外对"一带一路"的密切关注。除此之外，未来5年，中国将为周边国家提供2万个互联互通领域的培训名额。为圆亚太自由贸易区（FTAAP）发展梦想，中国出台如此之大的举措，这不能不说是一种大国的担当精神。这就是中国人的传统文化力量使然，以人文交流为纽带，夯实亚洲互联互通的社会根基。任何经济的发展都离不开文化的支撑，经济上的比拼，其实就是文化自信的竞争，只有打赢文化自信战，才可以称为真正的赢家。

从习近平主席提出的"一带一路"战略目标中可以得知，"新丝路"包括中蒙俄经济带、新亚欧陆桥经济带、中国—南亚—西亚经济带、海上战略堡垒。"丝绸之路经济带"作为中国首倡、高层推动的国家战略，对我国现代化建设和巩固世界的领导地位具有深远的战略意义。古老的"丝绸之路"虽然源于我国先秦汉唐，历经多个朝代的发展，但真正发挥其巨大作用须"还看今朝"。传统文化永远是发展现代文化的根基与源泉，丝绸之路的文化兴衰史给了今天很多有益的借鉴，兵荒马乱不仅不能发展经济还会破坏经济，"21世纪海上丝绸之路"的繁荣发展也离不开APEC倡导的和平、开放、包容、互信、互利的丝绸之路精神。文化，必定是高度自信的先进文化，又一次站在经济发展主战场的制高点上。

1000多年前，东起长安（今西安）、西达罗马的"古丝绸之路"曾是连接中国与亚欧各国的贸易通道。在这条具有历史意义的国际通道上，五彩丝绸、中国瓷器和香料商贸络绎不绝，为古代东西方之间的经济、文化交流做出了重要贡献。作为经济全球化的早期版本，这条贸易通道被誉为全球最重要的商贸大动脉。经过岁月变迁，21世纪初，贸易和投资在古丝绸之路上再度活跃。中亚各国希望与中国扩展合作领域，为这块沃土注入"肥料"和"生机"。中国一些有识之士也不断呼吁，在现代交通、资讯飞速发展和全球化发展背景下，促进丝绸之路沿线区域经贸各领域的发展合作，既是对历史文化的传承，也是对该区域蕴藏的巨大潜力的开发。2013年，中国提出共同建设"丝绸之路经济带"。为了使欧亚各国经济联系更加紧密、相互合作更加深入、发展空间更加广阔，可以用创新的合作模式，共同建设"丝绸之路经济带"，这是一项造福沿途各国人民的大事业。"丝绸之路经济带"不是区域组织或者自贸区这种传统区域合作的方式，也不是普通的交通运输走廊，"丝绸之路经济带"是更高的合作层次，它的合作内涵包括了经贸、政治、人文诸多领域，经济上既有交通、能源、金融等重点领域的合作，也有农业、中小企业以及市场中介服务等方面的合作，还包括科技、环保、旅游、卫生、教育、救灾等领域的交流。

中国与蒙古国同处亚洲，都是"丝绸之路经济带"沿线重要国家，同处于经济社会快速发展的阶段。中蒙两国边界线长4710千米。两国于1949年10月16日建立外交关系。建交几十年来，两国关系虽经历过一些曲折，但睦邻友好始终是主流。尤其是近10年来，两国关系发展迅速，成果显著。2014年8月21~22日中国对蒙古国的国事访问取得了圆满成功，两国不仅签署了26项协议和备忘录，涉及政治、经贸、人文等各个领域，而且达成了进一步提升双边关系的新共识，两国关系提升到"全面战略伙伴关系"，标志着中蒙关系进入新的发展阶段。

蒙古国对中国提出的"一带一路"和"丝绸之路经济带"倡议响应积极，基于身处欧亚之间的地理优势，结合自身国情提出了"草原之路"计划。目的是通过运输贸易振兴蒙古国经济。可以预见，中蒙两国的国家发展战略紧密相连且有很强的互补性，蒙古国在基础设施建设方面有强烈的需求，而中国有外汇储备、技术水平和施工队伍的优势,如果能够很好对接,对两国经济发展至关重要。

中蒙经贸合作,只有双方的合作是远远不够的,需要中蒙俄三方或多边合作。这是国际经济合作的必然趋势。2014年9月11日国家主席习近平在杜尚别同俄罗斯总统普京、蒙古国总统额勒贝格道尔吉举行中蒙俄元首会晤。习近平指出,中蒙俄三国发展战略高度契合。中方提出共建"丝绸之路经济带"倡议,获得俄方和蒙方积极响应。我们可以把"丝绸之路经济带"同俄罗斯跨欧亚大铁路、蒙古国草原之路进行对接,打造"中蒙俄经济走廊",加强铁路、公路等互联互通建设,推进通关和运输便利化,促进过境运输合作。特别是随着中国倡导的亚洲基础设施投资银行的运行,作为亚投行意向创始成员国,蒙古国的基础设施建设将有机会得到资金支持。

虽然目前中蒙关系处在历史最好时期,但深化中蒙各领域的合作还有很大的空间,同时也面临一些挑战,中蒙合作仍面临复杂的国际政治环境和长期历史文化因素的消极影响。虽然近年来两国高层互访频繁,政治关系达到了历史最好水平,但民间交流相对滞后,互信仍是影响两国合作的最大阻力。对此,中国应努力加强与蒙古国的文化、教育、人员交流,通过文化交流与人员流动增加蒙古国人民接触了解中国文化的机会,让蒙古国的年轻一代了解历史,了解中国与蒙古国的密切关系,为中蒙经贸合作更加深入地发展创造坚实的民间基础。

习近平总书记在访蒙期间的演讲中指出:"国之交在于民相亲,民相亲在于心相通",突出了人文交流在两国关系发展中的特殊作用。许多学者认同中蒙间的文化交流有助于提升中蒙经贸关系的发展,增加中蒙间的互信。张广翠、于潇(2007)认为,在加强基础设施、农业、旅游业、矿产资源等经济领域合作的基础上,应加强中蒙双方文化领域的合作与交流,进一步增强双方之间的了解;嘎尔迪(2007)论述了文化交流对中蒙关系发展的重要作用,提出了中蒙农业文化交流、中蒙商业贸易交流及中蒙城市文化交流是加强中蒙经济文化关系和谐发展的三个途径;杨晓燕(2009)对中蒙关系中的文化冲突进行了分析,并认为中蒙文化的根本差异在于中国文化与蒙古国文化的内涵不同;王优(2009)认为,加强中蒙两国的文化合作与交流对于促进两国间相互理解起着极为重要的作用,并指出内蒙古在中蒙交往中发挥着纽带和桥梁的作用,为此,双方应举办具有蒙古族特色的文体活动,比如摔跤、赛马、射箭等;王浩(2011)提出了文化认同是促进中蒙合作与发展的关键,中蒙应充分认识并发挥文化认同的作用,通过文化认同消除双方合作的各种障碍;余鑫(2013)认为,文化交流是拉近中蒙两国人民感情的重要方式,是两国人民彼此认识了解的根本途径。

从已有的文献来看,对中蒙间的文化交流与合作研究仅限于其对中蒙关系的促进作用，而对其直接效应并没有相应的研究成果，对中蒙间的文化发展问题也仅限于文化交流与文化认同的研究，并未上升到文化产业合作与发展的层面。事实上，中蒙间毗邻而居的自然条件、悠久的文化渊源、共同的风俗习惯及共有的草原文化资源是中蒙开展文化产业合作的良好基础，建立在此基础上的文化产业合作，不仅能促进中蒙关系的全面提升，其协同发展也将使中蒙间结为一个利益共同体，促进中蒙两国文化产业做大做强，凸显其在国际市场上共同的竞争优势。在中蒙关系提升为全面战略伙伴关系的今天，中蒙双方的合作是全方位的合作，是经贸与金融的共同推进、经贸与人文的相互融合，是油、气、电、铁路、公路的全方位畅通。但是，在这些方面中，文化交流与合作发挥着独特的作用，它不仅是消除中蒙双方误解、获得价值认同的重要途径，还是促进经贸关系深度融合的重要因素。

中蒙文化交流的目的应该是传递具有亲和力的中国文化形象和独特的民族文化精髓。但文化交流不是将自身的文化强加于人，而是在承认文化多样性的基础上相互学习、借鉴、合作与融合。在全球化时代，文化交流的唯一途径是经济手段。因此，中蒙两国应紧紧抓住"一带一路"战略和"中蒙俄经济走廊"的历史机遇，以增强两国政治互信、促进经贸合作为目的，立足中蒙两国独特的草原文化资源，充分发挥内蒙古自治区的独特优势，以中蒙两国旅游、教育、影视合作为重点，构建中蒙文化交流与文化产业合作的战略合作框架，寻求符合两国人民意愿和互促共赢的合作途径，促进中蒙全面战略伙伴关系的可持续发展和"一带一路"战略的顺利实现。

张智荣
2015 年

目 录

第一章 文化交流、文化产业、文化贸易 …………………………… 1
　　一、文化交流 ………………………………………………………… 1
　　二、文化产业与文化贸易 …………………………………………… 8
　　三、文化产业和国际文化贸易关系 ………………………………… 11

第二章 中蒙文化交流与文化产业合作的现实选择 ………………… 13
　　一、中蒙文化交流与产业合作是贯彻国家战略的需要 …………… 13
　　二、中蒙文化交流与产业合作是实现两国经济转型的需要 ……… 22
　　三、中蒙文化交流与产业合作是促进中蒙经贸合作的需要 ……… 27
　　四、中蒙文化交流与产业合作是增强两国民间交流与往来的需要 … 30

第三章 中蒙文化交流与文化产业合作的基础与制约因素 ………… 34
　　一、中蒙关系的历史沿革 …………………………………………… 34
　　二、中蒙文化交流与产业合作的历史沿革及其特点 ……………… 35
　　三、中蒙文化交流与产业合作的基础 ……………………………… 41
　　四、中蒙文化交流与产业合作的制约因素 ………………………… 44

第四章 中蒙文化交流与文化产业合作的效应分析 ………………… 47
　　一、政治互信与民心相通效应 ……………………………………… 47
　　二、产业集聚与产业集群效应 ……………………………………… 52
　　三、资源共享与知识外溢效应 ……………………………………… 55
　　四、文化资本积累与培养效应 ……………………………………… 58
　　五、集聚人才与创新创意效应 ……………………………………… 59

第五章 中蒙文化产业的对比研究 ………………………………… 61
一、中国文化产业发展现状及国际地位 ……………………… 61
二、蒙古国文化产业发展现状及国际地位 …………………… 65
三、基于全球价值链视角的中蒙文化产业比较优势 ………… 69

第六章 中蒙文化交流与文化产业合作的战略构想 ……………… 77
一、中蒙文化交流与文化产业合作的战略目标 ……………… 77
二、中蒙文化交流与文化产业合作的战略布局 ……………… 80
三、中蒙文化交流与文化产业合作的重点工程 ……………… 84

第七章 中蒙文化交流与文化产业合作的路径 …………………… 90
一、充分利用中蒙战略伙伴关系的机遇期，强化民间文化交流 …… 90
二、共同制定文化产业发展战略，强化中蒙文化领域的合作机制 …… 92
三、积极参与"中蒙俄经济走廊"的建设，加强两国文化产品与
服务贸易 ……………………………………………………… 95
四、推动中蒙"互联网＋"领域建设，拓宽文化产业合作的领域
和渠道 ………………………………………………………… 99
五、鼓励中蒙文化领域的相互投资和合作，共同培育草原文化品牌 …… 102
六、加强中蒙科技合作，促进内容产业的发展 ……………… 104
七、加强中蒙文化产业人才培养合作 ………………………… 106

第八章 中蒙文化旅游交流与产业合作研究 ……………………… 108
一、国际旅游业发展态势 ……………………………………… 108
二、中蒙文化旅游交流合作的基础 …………………………… 111
三、中蒙文化旅游合作发展的动因 …………………………… 113
四、中蒙文化旅游交流与产业合作的现状 …………………… 115
五、中蒙文化旅游交流与产业合作的内容 …………………… 119
六、中蒙文化旅游交流与产业合作的路径 …………………… 120

第九章 推动中蒙文化交流与文化产业合作的政策研究 ………… 123
一、产业政策 …………………………………………………… 123
二、金融政策 …………………………………………………… 126
三、贸易政策 …………………………………………………… 130

四、法律政策 ………………………………………………………… 132
　　五、文化产业特区政策 ………………………………………………… 133

第十章　内蒙古自治区在中蒙文化交流与产业合作中的特殊地位 ………… 136
　　一、内蒙古自治区具有对蒙古国独特的区位、人文、资源优势 ……… 136
　　二、内蒙古自治区与蒙古国经贸合作的历史与现状 ………………… 142
　　三、内蒙古自治区和蒙古国文化交流与产业合作的现状 …………… 146
　　四、内蒙古自治区参与中蒙文化交流与产业合作的路径 …………… 149

参考文献 ……………………………………………………………………… 155

后记 …………………………………………………………………………… 159

第 一 章

文化交流、文化产业、文化贸易

"文化"由"文"和"化"两个字组成,"文"是名词,"化"是动词,"文化"不只是一个事物的名称,更表示人类的一个活动、一种行为,是以"文"去"化"人、"化"物、"化"事。具体地说,就是以"文"去感化人,以"文"去变化物,以"文"去演化事,充分说明了文化的特殊作用。[①] 而这种特殊作用的发挥,必须借助于强化文化对外交流,而文化对外交流又必须大力发展文化产业,强化文化贸易。

一、文化交流

文化交流是世界文化进步的一个重要条件,也是推动文化全球化和多样性的内在要求。从春秋战国开始,中国就开启了文化交流的进程,随着时代的发展,这种交流日益加深,最终成为中华文化博大精深、源远流长的一部分。在经济全球化和区域集团化日益加深的时代,文化的软实力作用愈加突出,在国际竞争中发挥的作用日益增强,所以加强中外文化交流也就成为中国对外发展的必然选择。

(一) 文化交流的含义

文化交流发生于两个或者多个具有显著差异关系的文化源之间。没有因文化差异产生的势差,就不会很好地进行文化交流。例如,先进文化与落后文化之间

---

① 徐光春. 文化的力量 [J]. 中原文化研究, 2015 (4).

是最容易产生文化交流的。在不同的文化圈层中，也能产生很好的文化交流，但前提条件是各文化主体之间须有很强的文化生产力，须有自己独特的文化，须有文化自主权，他们的交流一般只会发生在各自尊重对方的前提条件下。此外，文化入侵现象、强势文化压制弱势文化现象，都不是文化交流的表现。文化交流须有起始点和平等机会。顺从、勉强等都不是文化交流的本义。

文化交流有利于促进本国文化的发展和进步，维护民族文化；有利于将先进文化推向世界，扩大文化在国际上的吸引力和影响力，提高文化竞争力，增强综合国力；有利于推动本国文化事业的发展；有利于吸收和借鉴，取长补短，维护世界文化的多样性，促进世界文化的繁荣与发展；有利于加强各国人民之间的友谊和相互了解，发展友好合作的关系，促进世界和平发展，建设和谐世界。

（二）中外文化交流及其历史沿革

位于亚洲大陆东部的中国，随着社会经济政治的发展，逐渐由近及远地与别国接触联系，进行文化交流，如人员的往来、物产的移植、衣食住行、婚丧嫁娶等风俗习惯的相互影响，思想、宗教、文学、艺术等的传播。交流的途径多种多样，如政府使节、留学学生、宗教人士、商人、手工工匠等，甚至战争俘虏，也曾为文化交流提供渠道。中国与各国之间文化交流的深度和广度各有不同，彼此所受对方影响深浅及产生的结果，也因国家与时代而异。但中国与各国之间的文化交流是历史的必然，而在与各国交光互影的漫长过程中，总的来看是中外双方相互受益。

秦代及秦以前，中国与各国的接触很少，对于当时的文化交流今天所知者不多。相传殷朝灭亡后箕子曾入朝鲜，传播了中国的教化。统一的秦王朝声名远播，古代印度称中国为秦，至今西方许多国家的语言里，中国的名称来源于秦字。

汉朝国势强盛，张骞、班超先后活跃于西域，丝绸之路的开通，使远在西亚的各国与中国的文化交流成为可能。西亚的植物、大宛（苏联中亚费尔干纳）的名马、黎轩（当时属罗马帝国的埃及亚历山大里亚）的杂技魔术逐渐传入中国。中国的丝绸成为罗马贵族衣着所用的奢侈品，备受珍视。

魏晋南北朝时期，由于各个政权需要巩固与发展，海上及陆路交通条件也有改善，近400年间与外国的文化交流远比秦汉时期发达，而佛教成为中国与许多外国文化交流的纽带。

唐时期，经过政治上的大分裂和各民族的大融合之后，隋和唐又建立起中央集权的统一王朝。唐太宗李世民不仅对境内诸少数民族采取兼容并包政策，成为前代汉族帝王中未曾有过的"天可汗"，而且对境外各国采取开放政策，对中外文化交流极为有利,以至于首都长安成为国际性城市。唐代中外贸易空前繁荣,除了横贯东西的陆上"丝绸之路"以外,海上"丝绸之路"也日渐兴起,宗教上的交流广泛而深入,尤其体现出唐代的对外开放性。有名的高僧玄奘和义净到印度和南海诸国求法,携回经典翻译进行传播。

北宋时期,中原与西域的丝绸之路交通不像唐代那样畅通无阻。但宋代社会经济发展,文化繁荣,海上贸易兴盛,自印度支那半岛、南洋群岛起,远及阿拉伯半岛。宋代制瓷业发达,瓷器继丝织品之后成为对外贸易交流的主要商品。宋代印刷术已大为发达,书籍印本广泛行销于使用汉文的日本、朝鲜、越南。北宋时,中国毕昇发明木活字,受其启发影响,到南宋时,朝鲜开始制造金属活字。宋朝的铜钱也在日本、印度尼西亚等地流通。

元朝时期,中外文化交流呈现出新局面。元代中国版图地跨欧亚,不仅经过中亚通往波斯、阿拉伯各地的陆路交通得到恢复使来往更频繁,而且范围更加扩大,向西直达欧洲。连接南海及印度洋沿岸各国的海上丝绸之路,也在宋代基础上更加繁荣活跃起来。元朝统治者对于宗教只求其为大汗降福,因而采取"兼收并蓄"政策。欧洲教皇为防止中国向西侵略,同时又想联合中国抗击伊斯兰势力,多次派遣教士东来,要求结好,设教堂布教,并从事贸易。波斯、阿拉伯以及欧洲的商人更是接踵而来,其中马可·波罗一家最为有名。

明朝时期,中外文化交流远远超过昔日。政治使节、商业贸易、学习、传教、移民以至战争,各种渠道无不起过作用。明代的交流涉及精神文化与物质文化的许多方面,中外双方都大有受益。朝鲜、越南长期使用汉字作为记录和表达的工具,这时开始创制表达本国语言的标记。而他们的标记符号都是与中国文化交流的结果。明末朱舜水(1600~1682)东渡,促进了儒学的传播和水户学的形成。中日两国频繁贸易,互相交流具有各自特色的物品。丰臣秀吉发动的侵朝战争,意外地为中朝日三国某些方面的文化交流提供了渠道。南海方面,菲律宾、马来西亚、印度尼西亚在明代都曾有国王率宫眷朝臣来中国,而这些地区又移居了大量中国人,皆为前代所未有。郑和七次率船队下"西洋",直抵非洲东岸,更是中外贸易往来与文化交流的盛事。欧洲耶稣会教士东来,目的在于传播天主教,但同时带来了西方天文历算等科学知识以及测绘、机械等技术。1620年,法国耶稣会士金尼阁(1577~1629)从西欧各国募集的七千余部西文著作,为中国提供了新的知识来源。利玛窦在传授西方科学知识的同时,还向西方初步介绍了中国的儒家学说。

清朝时期,随着世界资本主义的发展,各国之间的联系日益密切,中国与各国的文化交流也不断进展。清朝政府在鸦片战争之前基本上采取闭关锁国政策,并未能阻挡交流的势头。汉字文化圈中的日本、朝鲜、越南三国与清朝的文人学者之间在文字上的往来与友谊,留下了不少佳话。清朝的医生、画家们东渡日本,日本的汉诗和有关中国古典的研究,受到清朝学者称赞。越南著名文学家阮攸(1765~1820)长于汉诗,他用字喃所著、至今家弦户诵的长诗《金云翘传》源于同名的中国小说。大批华侨把中国的种植和手工业技术以及生活习俗等带到东南亚,在那里生根开花。《三国演义》等著名古典小说,经华侨传入泰国,译成泰语,至今受到泰国人民的广泛喜爱。东来的传教士汤若望、南怀仁等,受到清廷重视,用外国人管理钦天监。他们根据科学测算,改订历法,传播天文历算等科学知识,继承了明末耶稣会士的交流活动。还有的教士从事绘画、园林建筑等,圆明园就是他们融汇了法国、意大利及东方园林艺术特征的精心之作,其"万园之园"之称,象征着东西文化交流的最高结晶。在欧洲,启蒙运动者初步接触儒家学说,对于孔子伦理道德的主张和重视教育的思想,以及儒家的自然观和政治理想如大一统及仁君统治等,都感到其拥有巨大吸引力而极为推崇,并力求为己所用。伏尔泰(1694~1778)曾赞美科举考试制度。这种早已为朝鲜、越南所仿效的以考试选拔官吏的方式,在18世纪末的法国就开始采用,之后英国继承之,成为沿袭至今的文官考试制度。在物质文化方面,中国的瓷器、漆器、壁纸等,中国式的园林、家具,都很流行。画家仿效中国画的风格与题材,皇室从中国订购特制图案的瓷器,"中国风"蔚为风尚,盛极一时。歌德(1749~1832)虽然只接触过极其有限的中国文学作品,便颇为倾倒,曾说过"他们开始创作的时候,我们的祖先还在树林里生活呢"。

鸦片战争(1840~1842),中国国际地位沦落,与外国的交往也不如过去自由、平等而广泛。但由于振兴中国的需要,近百年来,中国向日本及欧美学习,文化交流不论主动或被动,仍然颇为密切、广泛而深入,超过以往各个时期。日本明治维新后,中国曾有学习日本的高潮。康有为变法,即以日本为蓝本。1905年废科举后,全国各地设立学堂,大多聘任日本人任教习,而赴日留学的青年更不计其数。他们通过日本学习西方的科学技术以及各种社会政治学说,马克思主义最早就是通过日本刊物被中国所得知的。20世纪初,中国的先进人物,几乎都在日本受过教育,回国后在各领域产生很大影响。19世纪,中国设立了同文馆教授外文,翻译西书。严复和林纾(1852~1924)所译西方社会科学与文学名著风靡一时。西方基督教教士来中国,除布教之外也传播西方文化。19世纪时,中国已有少数留学生派往美国,但赴欧美国家留学的高潮是在进入20世纪以后。留学生学习内容比以前赴日所学的更为广泛,除政治、经济、法律和理工农医之外,不少人去学文学、哲学、历史、教育、绘画、雕刻、戏剧以及音乐等,从欧美各国全面吸取西方文化。中国各级学校制度仿效西方,西方教会也在中国创办各类学校,文化交流渗透社会的许多方面。五四运动提出"民主"、"科学"后,

第一章 文化交流、文化产业、文化贸易

马克思主义的影响也日益扩大。若以20世纪40年代的中国与百年前鸦片战争前后相比较，思想、宗教、文学、艺术以及衣食住行、婚丧礼俗等，几乎社会所有方面都发生了巨大变化。无论这些变化有利或不利于中国社会的发展，都是与外国（主要是西方，先是通过日本，以后则直接联系西方）文化交流的结果。鸦片战争以后，西方对中国的观感虽有变化，但对中国文化的研究则逐渐深入，对中国艺术的爱好不减当年。中国接受西方的影响在这一百年中外文化交流中始终占主导地位。

（三）丝绸之路与中外文化交流

丝绸之路是历史上横贯欧亚大陆的贸易交通线。中国是丝绸的故乡，在经由这条路线进行的贸易中，中国输出的商品以丝绸最具代表性。19世纪后半期，德国地理学家李希霍芬经过考察之后认为，丝绸贸易曾经是欧亚大陆最重要的交往方式，因而提出了丝绸之路这一说法，此后中外史学家一直沿用至今。张骞出使西域后，正式开通了这条从中国通往欧、非大陆的陆路通道。这条道路由西汉都城长安出发，经过河西走廊，然后分为两条路线：一条由阳关，经鄯善，沿昆仑山北麓西行，过莎车，西逾葱岭，出大月氏，至安息，西通犁靬（今埃及亚历山大，公元前30年被罗马帝国吞并），或由大月氏南入身毒；另一条出玉门关，经车师前国，沿天山南麓西行，出疏勒，西逾葱岭，过大宛，至康居、奄蔡（西汉时游牧于康居西北即咸海、里海北部草原，东汉时属康居）。

海上丝绸之路，是指中国与世界其他地区之间海上交通的路线。中国的丝绸除通过横贯大陆的陆上交通线大量输往中亚、西亚、非洲和欧洲国家外，也通过海上交通线源源不断地销往世界各国。因此，在德国地理学家李希霍芬将横贯东西的陆上交通路线命名为丝绸之路后，有的学者又进而加以引申，称东西方的海上交通路线为海上丝绸之路。后来，中国著名的陶瓷，也经由这条海上交通路线销往各国，西方的香药也通过这条路线输入中国，一些学者因此也称这条海上交通路线为陶瓷之路或香瓷之路。海上丝绸之路形成于汉武帝之时。从中国出发，向西航行的南海航线，是海上丝绸之路的主线。与此同时，还有一条由中国向东到达朝鲜半岛和日本列岛的东海航线，它在海上丝绸之路中占据次要地位。关于汉代丝绸之路的南海航线，《汉书·地理志》记载了汉武帝派遣的使者和应募的商人出海贸易的航程，提出自日南（今越南中部）或徐闻（今属广东）、合浦（今属广西）乘船出海，顺中南半岛东岸南行，经五个月抵达湄公河三角洲的都元（今越南南部的迪石）。复沿中南半岛的西岸北行，经四个月航抵湄南河口的邑卢（今泰国的佛统）。自此南下沿马来半岛东岸，经二十余日驶抵湛离（今泰国的巴蜀），在此弃船登岸，横越地峡，步行十余日，抵达夫首都卢（今缅甸的

·5·

丹那沙林），再登船向西航行于印度洋，经两个多月到达黄支国（今印度东南海岸之康契普腊姆）。回国时，由黄支南下至已不程国（今斯里兰卡），然后向东直航，经八个月驶抵马六甲海峡，泊于皮宗（今新加坡西面之皮散岛），最后再航行两个多月，由皮宗驶达日南郡的象林县境（治所在今越南维川县南的茶荞）。

丝绸之路是个形象而且贴切的名字。在古代世界，只有中国是最早开始种桑、养蚕、生产丝织品的国家。近年中国各地的考古发现表明，自商、周至战国时期，丝绸的生产技术已经发展到相当高的水平。中国的丝织品迄今仍是中国奉献给世界人民的最重要产品之一，它流传广远，涵盖了中国人民对世界文明的各种贡献。

东西方文化交流是丝绸之路的重要内涵，包括文学艺术、科技、医药、宗教、习俗等。如西方的乐舞，从汉至隋唐影响极大，主要有两大乐系：印度乐系和伊兰乐系。两大乐系的乐舞由中亚或印度传入，先在今新疆地区形成具有地方特色的乐舞，再传入内地，称为"胡乐"、"胡声"。魏晋南北朝时期，传统汉族的礼乐崩坏，甚至官方的太常乐也杂用胡声。隋唐时胡乐成分更多，就是国家大典、庙祭的雅乐，也杂以胡戎之伎；至于用于宴会、庆典的隋九部乐、唐十部乐中，胡乐占了大半。其后，太常坐、立部伎均与龟兹乐、西凉乐有关。散乐百戏，即歌舞杂技，自汉代以来，西域、天竺、罗马杂技、幻术传入中国内地，历代均有，唐代更盛。唐代软舞、健舞大多源于胡乐，最为流行的是胡旋舞、胡腾舞、拓枝舞等。上述这些乐舞形象，大多在出土的唐代金银器皿、壁画、佛座、陶俑等文物上得以再现。还有流行于唐代的马球，即由波斯或吐蕃传入。绘画、雕塑与乐舞一样，内地也深受印度及中亚的影响。随着佛教传入内地，致使内地寺院、石窟寺壁画、塑像带有印度犍陀罗风格。唐代京师长安有许多西域画家驰骋画坛。如今丝路沿途存留的众多石窟寺内，保存了魏晋以来的许多壁画雕塑，再现了东西方艺术交融的光彩。西方和印度医药也经丝路传入中国，唐代大医学家孙思邈的《千金翼方》内，也记录了一些波斯、大秦的药方。天文历法如隋代，印度历算书陆续传入内地；著名天文学家僧一行制定的《大衍历》就利用了《九执历》的某些成果（《大衍历》是唐开元时由印度传入）。

由丝绸之路传入内地的宗教，无疑对中国的社会生活及文化产生了极其重大的影响，其中尤以佛教影响更为深远。佛教起源于印度，东汉时由西域传入内地，至唐代佛教逐渐中国化，中国佛教八大宗的六宗均在丝路起点长安形成并传播到全国各地。中国传统的儒学、道教及文学艺术等方面均受佛教的影响。除佛教之外，还有西方不少宗教相继传入中国内地，对中国内地的文化产生重大影响，如袄教、景教、摩尼教、伊斯兰教等，丝路沿途至今还保存着不少关于上述宗教传播的遗址和遗物。中国的文化，特别是科学技术，沿着丝路也相继传入西方，如丝织技术、造纸、印刷术、火药、指南针、制瓷等。中国的养蚕、丝织技术传入西域（今新疆地区），大致在魏晋之时。《大唐西域记》、《新唐书》及藏文本《于阗国史》等文献记载了丝织、养蚕传入古于阗的动人传说。大约到 7 世纪，养蚕、丝织技术才传入欧洲。造纸是中国西汉时发明的，此后通过河西路传入西域，而传入西亚和欧洲是在公元 751 年由高仙芝率领的唐军与大食（阿拉伯）在今江布尔（怛罗斯）发生战争，唐军失败，唐长安人杜环是史学家杜佑的族子，他也被俘虏，后来他附商船回国。他所著的《经行记》一书记载了被俘虏期间，在亚俱罗见到绫绸工匠、金银业工匠，最突出的是造纸技术西传。科技史学家英国人李约瑟说"中国的发明曾为欧洲的文艺复兴铺平了道路"。有许多被俘虏的工匠（包括造纸工匠）在中亚造纸，一时"撒马尔罕纸"风行西亚和欧洲。印刷术、火药、指南针和造纸是中国古代四大发明，它们相继由丝路或海路传入西方，对西方各国产生了不同程度的影响，对世界文明的发展起了不可估量的作用。其中，前三大发明英国人培根在《新工具》一书中指出：这三大发明"已经改变了整个世界的面貌和事物的状态。第一种（指印刷术）在学术方面，第二种在战争方面，第三种在航海方面，从这里又引起无数的变化，以致任何帝国、任何宗教、任何个人在人事方面似乎都不及这些机械发明更有力量和影响"。至于西方各国各民族的使节、商人、工匠、僧侣等，经过丝路往来定居，因而使各国各族的风俗习惯得以相互传播、相互影响之事，更是屡见不鲜。以中国汉唐时长安为例，当时居有许多西方各色各等之人，于是在衣、食、住、行等方面无不习染西方各民族的特点，唐代尤盛，所谓的胡服、胡乐、胡食、胡马、胡风等，皆主要指西域（包括今中亚、印度等地）各民族的风俗习惯。

丝路还是一条民族迁徙和融合之路，几千年来在丝路上迁徙、活动的民族不可胜数，他们为丝路的繁荣做出了自己的贡献。更有的民族因迁徙而与其他民族融合，形成新的民族，如由于元代蒙古帝国的西征，使一批西亚、中亚的戍卒、工匠等迁入中国内地，定居下来，时称之为"回回"。到明代，这些"回回"娶妻生子，逐渐与当地汉族或其他民族融合，信仰伊斯兰教，形成今天的回族。

丝绸之路穿越两千年时空，横跨亚欧非十数国，是一条不同文明、不同民族交流融合的文化之路，是沟通亚洲、欧洲、非洲之间政治、经济和文化的大动脉。它把古代世界的几个文明中心：中国、印度、埃及、美索不达米亚联结在一起，通过它世界三大宗教——佛教、基督教、伊斯兰教以及道教、儒教、祆教、摩尼教得以传扬并对亿万人的思想产生巨大影响。丝绸之路是人类经济、文化交流和智慧的结晶，是人类的共同文化遗产。①

---

① 周静. 丝绸之路的文化交流［EB/OL］. http：//blog. sina. com. cn/zhoujinglawyer, 2010－08－02.

二、文化产业与文化贸易

20世纪90年代以来，随着以知识为核心生产要素的知识经济时代的到来，文化产业得到快速发展，甚至在有些国家文化产业已经成为支柱产业，文化产业成为经济发展中的"朝阳产业"或"黄金产业"。

（一）文化产业

关于文化产业概念的界定，事实上，世界各国还没有一个统一的说法。较为权威的定义有，联合国教科文组织规定：文化产业是指"按照工业标准生产、再生产、储存以及分配文化产品和服务的一系列活动"。在美国，文化产业主要是指为满足人们文化需求，通过工业化和商品化方式进行的文化用品和文化服务的生产、交换和传播。文化产业主要包括生产文化产品和提供文化服务。[1] 而站在知识创新角度，文化产业通常又被称为"文化创意产业"，强调了新时期文化产业是以知识创新为基础，以信息技术为手段，以创意、产业化方式进行生产、传播文化产品和提供文化服务的新兴产业。

随着我国文化产业的发展，国内对文化产业的研究日益深入，2003年9月，文化部在下发的《关于支持和促进文化产业发展的若干意见》文件中，将文化产业界定为"从事文化产品生产和提供文化服务的经营性行业"。2012年《文化部"十二五"时期文化产业倍增计划》中指出，文化产业是社会主义市场经济条件下满足人民多样化精神文化需求的重要途径，是促进社会主义文化大发展大繁荣的重要载体，是国民经济中具有先导性、战略性和支柱性的新兴朝阳产业，是推动中华文化走出去的主导力量，是推动经济结构战略性调整的重要支点和转变经济发展方式的重要着力点。文化产业是与文化事业相对应的概念，两者都是社会主义文化建设的重要组成部分。文化产业是社会生产力发展的必然产物，是随着中国社会主义市场经济的逐步完善和现代生产方式的不断进步而发展起来的新兴产业。2012年，国家统计局对"文化及相关产业"的界定是为社会公众提供文化产品和文化相关产品的生产活动的集合。根据这一定义，文化及相关产业包括了四个方面的内容，即文化产品的生产活动、文化产品生产的辅助生产活动、文化用品的生产活动和文化专用设备的生产活动。其中文化产品的生产活动

---

[1] 丹增.文化产业发展论[M].北京：人民出版社，2005.

构成文化及相关产业的主体,其他三个方面是文化及相关产业的补充。①

文化产业的发展,一直伴随着科学技术的进步。15世纪金属活版印刷的发明,带来了传播媒介的革命,它提供了第一批可重复生产的产品、第一条生产流水线、第一次大规模生产。② 第一次产业革命后,生产水平大幅度提高,文化产业也因此快速发展起来。电子媒介的出现催生出大众文化产业。1920年,世界上第一家广播电台开始播音。1895年,电影发明。1926年,电视出现。这些传播工具的出现标志着人类进入电子媒介时代,继而进入印刷传播与电子传播并驾齐驱的现代大众传播时代。③ 与此同时,其他各种文化产业,如报刊、图书出版、演艺娱乐业、会展业、文化遗产等,也开始蓬勃发展,为文化产业的形成、发展奠定基础。

进入20世纪中期以来,随着现代高科技如微电子与信息技术、新材料、新能源技术等的飞速发展,特别是计算机和互联网的出现,极大地推动了文化产业的发展,文化产业开始形成庞大的产业群和较为完整、系统的产业链。今天,文化产业已经成为很多国家特别是发达国家的支柱型产业,已经成为当今世界经济发展中最为活跃、最具潜力的部分。④

(二) 国际文化贸易

科学客观地理解国际文化贸易概念的内涵和外延,将有助于我们准确地收集、分析跨国文化贸易的统计数据,深层透视形成相关贸易差额的原因,用以指导文化资源的合理配置,优化文化产业发展的结构和规模。

关于国际文化贸易的概念,国内外的文化学者、经济学者、政府官员及业内人士众说纷纭,到目前为止,仍没有一个一致性的描述。有国内学者认为,文化贸易属于国际贸易中的一种特殊的服务贸易,它是与知识产权有关的文化产品和文化服务的贸易活动。文化产品不仅具有商品属性,同时也具有精神和意识形态属性(周成名,2006)。还有国内学者认为,文化贸易主要是指与知识产权有关的文化产品(Cultural Goods)和文化服务(Cultural Services)的贸易活动(高洁,2005)。

而有国外学者指出,可交易的文化实体可被定义为能生产或分配物质资源的产品和服务,这些产品和服务能通过音乐、文学、戏剧、喜剧、文档、舞蹈、绘画、摄像和雕塑等艺术形式娱乐大众或激发人们思考。这些艺术形式,有的能以

---

① 国家统计局. 国家统计局关于印发文化及相关产业分类(2012)的通知〔国统字(2012)63号〕[Z]. 2012.
② 谢名家等. 文化产业的时代审视[M]. 上海:复旦大学出版社,2002.
③④ 宋桂友. 文化产业基础[M]. 重庆:重庆大学出版社,2010.

现场表演的方式（如音乐厅和舞台剧）展示给大众，有的却是先被存储记录下来（如压缩在光盘里）再卖给大众。这里面同样还包括储存和分配文化产品的机构。它们有的以公共服务的形式存在（如图书馆和博物馆），有的以商业的形式存在（如电视台和美术馆），有的则两者兼而有之（Van Grasstek，2005）。

总体上看，对于文化贸易的概念内涵国内外较为一致的认同是，国际文化贸易是指国际间文化产品与服务的输入和输出的贸易方式，是国际服务贸易中的重要组成部分。贸易一方向另一方提供文化产品和服务并获得收入的过程称为文化产品和服务出口或文化产品和服务输出，购买外方文化产品和服务的过程称为文化产品和服务进口或文化产品和服务输入。国际文化产品和服务是跨境产物，是文化产业国际化经营的必然。"文化产品"属于产品范畴，"文化服务"属于服务范畴。

联合国教科文组织对这两个概念做了如下定义：文化产品一般是指传播思想、符号和生活方式的消费品。它能够提供信息和娱乐，进而形成群体认同并影响文化行为。基于个人和集体创作成果的文化商品在产业化和在世界范围内销售的过程中，被不断复制并附加了新的价值。图书、杂志、多媒体产品、软件、录音带、电影、录像带、视听节目、手工艺品和时装设计组成了多种多样的文化商品。

从传统意义上讲，文化服务是指满足人们文化兴趣和需要的行为。这种行为通常不以货物的形式出现，它是指政府、私人机构和半公共机构为社会文化实践提供的各种各样的文化支持。这种文化支持包括举行各种演出、组织文化活动、推广文化信息以及收藏文化产品（如图书馆、文献资料中心和博物馆）等。文化服务可以是免费的，也可以是有商业目的的。当然在贸易中出现的文化服务，一定是有商业目的的（张玉国等，2003）。

需要注意的是，国际文化贸易的特殊性决定了它在一国国际贸易中的敏感地位和重要性。国际文化贸易的对象既涉及文化产品又涉及文化服务，从而使其兼具国际货物贸易和国际服务贸易的特点。具体体现在以下几个方面：

1. 贸易市场的高度垄断性

国际文化贸易在发达国家和发展中国家表现出严重的不平衡性，这与各国在文化生产和文化服务方面的能力、技术和资源差异等多种因素的影响相关，并且文化市场的文化商品受各国历史特点、区域位置及文化背景的影响。国际文化贸易市场的垄断性较强，表现为少数发达国家对国际文化贸易的垄断优势与发展中国家的相对劣势。

2. 贸易保护方式具有隐蔽性

文化具有独特的渗透力。文化产品和文化服务传达着观念、价值和生活方式，是极具个性化的产品和服务。文化贸易的价值超过了其商业价值，与其他贸易相比，它会在意识形态等方面对输入国消费者产生潜移默化的影响。因此，文化贸易是各国服务贸易政策关注的重点领域。同时，由于文化贸易标的物的特点，各国无法通过统一的国际标准或关税进行限制，而更多地采用国内政策、法令的修改进行限制，如市场准入制度以及非国民待遇等非关税壁垒形式。

3. 贸易自由化的例外性

由于绝大多数文化产业直接关系到国家主权、国家安全和意识形态等敏感领域，因此，各国在文化贸易的开放程度上，都十分谨慎，各国政府对文化贸易的各种限制和保护远远超过货物贸易，在很大程度上阻碍了国际文化贸易的自由化进程。到目前为止，只有美国和中非两个国家完全开放了自己的文化市场。

4. 贸易约束条例的相对灵活性

世界贸易组织一直致力于寻求国际贸易的自由化，但从文化贸易概念出现之日起，"文化例外"就成为一种不成文的主张，为世界贸易组织各成员国政府所接受并广泛运用于文化贸易政策中。因此，世界贸易组织对于文化贸易的约束具有一定的灵活性。

5. 与其他产业的强烈交融性

丰富的文化内涵和不同的文化服务，涉及了几乎所有的产业和贸易领域，在不同的文化背景下都反映出多样的文化价值取向。尤其是文化产品和文化服务与信息技术的结合，更加速了文化的传播速度，加大了扩展范围，因而更增强了文化产品和文化服务的可贸易性。①

三、文化产业和国际文化贸易关系

历史经验充分证明，文化产业与国际文化贸易存在着良好的互动关系。2007年4月，美国向世界贸易组织（WTO）的争端解决机构提起上诉，指责中国对美国出版物市场准入的限制违反了WTO的规定。2009年12月，WTO裁定中国在外国音像、图书进口及分销领域的限制措施违反了WTO的规定。此案暴露了中国在国际文化贸易中的被动地位，随后许多有识之士纷纷建言献策。而解决这一问题最根本的办法是大力发展文化产业，提升产业竞争力，正确处理好发展文化产业与扩大国际文化贸易的关系。否则，单纯地在贸易措施方面做防御性工作

---

① 韩骏伟，胡晓明. 国际文化贸易［M］. 广州：中山大学出版社，2009.

无助于事情的根本解决。为此，正确认识文化产业与文化贸易的关系，对扩大我国文化交流和国际文化贸易的途径具有重要意义。

文化产业的发展为文化贸易的扩大奠定基础。"文化产业"作为一种概念，其形成时间并不长，但属于现代"文化产业"范畴的某些行业早已出现，如字画、书籍、表演艺术等。相应地，关于文化产业的贸易，包括国际间的文化贸易也早已出现了，但当初的交易品种极为有限，数量也不大。此后相当长的一段时间里，情况没有大的改观，直到欧洲"工业革命"以后，随着经济的发展与社会的转型，文化产品的供给越来越丰富，文化产品的跨国交易也越来越多。20世纪初以来，尤其是近几十年，技术进步的速度愈益加快，文化产业的规模迅速扩大，国际文化贸易随之快速繁荣起来。可以说，现代文化产业的大发展推动了国际文化贸易的繁荣，而国际文化贸易的繁荣反过来有助于文化产业的进一步发展，二者的互动清楚地反映在"文化产业价值链"中。

"文化产业价值链"中的三个环节相互影响，文化产业生产性投入的加大将导致文化产出的扩大，文化产出的扩大令国际文化贸易更加繁荣，而国际文化贸易的繁荣将刺激生产性文化投入的继续扩大，进而生产更多的文化产品。简言之，文化产业的增长将促进文化贸易的发展，文化贸易的发展也将导致文化产业的进一步增长。这在一国内部如此，在国际范围内亦如此，各国的产业实践都证明了这一点。自从英国政府率先提出发展"创意产业"的计划以来，大力发展文化产业逐渐成为多数国家的共识，各国纷纷采取措施，从资金、政策等方面加以扶持引导，文化产业蒸蒸日上，出现了良好的发展势头。

第二章

中蒙文化交流与文化产业合作的现实选择

经济社会发展与消费结构升级推动文化产业的发展与繁荣。文化产业可以促进国家转型发展，增强其文化竞争力。经济"新常态"背景下，中蒙的文化交流与产业合作具有重要的战略意义。中蒙文化交流与产业合作是贯彻国家"一带一路"战略、"向北开放"及巩固中蒙战略伙伴关系的需要；是实现两国经济转型的需要；是促进中蒙经贸合作的需要；是增强两国民间交流与往来的需要。

一、中蒙文化交流与产业合作是贯彻国家战略的需要

当今世界正在发生深刻复杂的变化，世界的多极化、经济的全球化、文化的多样化以及社会的信息化程度都在不断加深，各国面临的发展问题仍然十分严峻。"一带一路"战略有利于促进国际合作，发展开放型世界经济以及创新全球治理模式，有利于促进经济要素的流动、资源的高效配置以及市场的深度融合。同时，国际金融危机和欧洲债务危机爆发严重影响中国的对外贸易。"跨太平洋伙伴关系协议"（TPP）以及"跨大西洋贸易与投资伙伴协议"（TTIP）的推进，使中国的对外贸易发展面临更为严峻的挑战。共建"一带一路"是推进中国新一轮改革开放、促进产业结构调整升级及进一步推进西部开发开放的需要；是当前中国资本技术产业输出的需要；是中国陆海统筹贸易发展的需要；是中国推进区域合作的需要；是提供沿线国家经济发展公共产品的需要；是中国参与国际规则制定的需要。

(一) 中蒙文化交流与产业合作是贯彻国家"一带一路"战略的需要

2013年9月和10月,中华人民共和国国家主席习近平在出访中亚和东南亚国家期间,先后提出共建"丝绸之路经济带"和"21世纪海上丝绸之路"的重大倡议,简称"一带一路"。2015年3月发布《推动共建丝绸之路经济带和21世纪海上丝绸之路的愿景与行动》,2015年6月国际绿色经济协会启动"丝绸之路经济带"产业联通行动计划。"一带一路"战略涉及中国18个省、65个国家、44亿人口、20万亿美元,涉及官方语言40余种,包括中国、蒙古国、俄罗斯、东南亚11国、南亚8国、西亚北非16国、中东欧16国、中亚5国、独联体其他6国。"一带一路"是世界上跨度最长的经济大走廊,发端于中国,贯通中亚、东南亚、南亚、西亚乃至欧洲部分区域,东牵亚太经济圈,西系欧洲经济圈。2014年12月29日,丝路基金在北京注册成立,定位于中长期开发投资基金,采取以中长期股权投资为主,债权、贷款等相配合的多元化的投融资模式,为"一带一路"有关的项目和能力建设提供投融资支持和服务。首个对外投资项目落于巴基斯坦。"一带一路"战略致力于亚欧非大陆及附近海洋的互联互通,实现沿线各国多元、自主、平衡、可持续的发展。"一带一路"战略努力推动沿线各国发展战略的对接与耦合,有利于发掘区域内市场的潜力,促进投资和消费,创造需求和就业,增进沿线各国人民的人文交流与文明互鉴。同时,构建全方位、多层次、复合型的互联互通网络,让各国人民相逢相知、互信互敬,共享和谐、安宁、富裕的生活。

首先,中蒙文化交流与产业合作有利于实现两国之间的"互联互通"。"一带一路"建设是一项系统工程,要坚持共商、共建、共享原则,推动沿线各国经济繁荣与区域经济合作,加强不同文明交流互鉴,促进世界和平发展。实现"互联互通"是"一带一路"建设的核心内容,即实现政策沟通、设施联通、贸易畅通、资金融通、民心相通。加强政策沟通是"一带一路"建设的重要保障。基础设施互联互通是"一带一路"建设的优先领域。拓宽贸易领域,优化贸易结构,挖掘贸易新增长点,促进贸易平衡。资金融通是"一带一路"建设的重要支撑。民心相通是"一带一路"建设的社会根基。

中蒙文化交流与产业合作既是中国与"一带一路"沿线国家经贸发展的重要组成部分,更有助于增强各国民间交流与互信,对于"一带一路"战略的实施,互联互通具有基础作用和深远意义。传承和弘扬丝绸之路友好合作精神,广泛开展文化交流、学术往来、人才交流合作、媒体合作、志愿者服务等,为深化双边与多边合作奠定坚实的民意基础。扩大相互间留学生规模,开展合作办学,中国每年向沿线国家提供1万个政府奖学金名额。积极开拓和推进与沿线国家在青年就业、创业培训、职业技能开发等方面的合作。沿线国家间互办文化年、艺术节、电影节、电视周和图书展等活动，合作开展广播影视剧精品创作及翻译，联合申请世界文化遗产，共同开展世界遗产的联合保护工作。加强旅游合作，扩大旅游规模，互办旅游推广周、宣传月等活动，联合打造具有丝绸之路特色的国际精品旅游线路和旅游产品，提高沿线各国游客签证便利化水平。推动21世纪海上丝绸之路邮轮旅游合作。积极开展体育交流活动，支持沿线国家申办重大国际体育赛事。重点面向基层民众，广泛开展各类公益慈善活动。加强科技合作，共建联合实验室（研究中心）、国际技术转移中心、海上合作中心，促进科技人员交流，合作开展重大科技攻关，共同提升科技创新能力。中国积极开展"一带一路"文化品牌的创立工作，2014年成立了"丝绸之路经济带西北五省区文化发展战略联盟"，举办了首届"丝绸之路国际艺术节"、"海上丝绸之路国际艺术节"等一系列文化交流活动。

其次，中蒙文化交流与产业合作有利于推动"中蒙俄经济走廊"的建设。"一带一路"涉及的主要国际合作走廊，包括"中巴经济走廊"、"孟中印缅经济走廊"、"新亚欧大陆桥"、"中蒙俄经济走廊"。新形势下，国家确立中蒙关系新定位，提出打造中蒙俄经济走廊。2014年8月21~22日，国家主席习近平对蒙古国进行国事访问，双方确立中蒙关系新定位，共同签署联合宣言，宣布将中蒙关系提升为全面战略伙伴关系。双方签署了30多项合作文件，涵盖经贸、矿产、电力、交通、基础设施建设、金融等多个领域，并决定推动建立跨境经济合作区，中方同意在蒙方出海口、过境运输等方面向蒙方提供支持和便利。2014年9月11日，国家主席习近平在杜尚别同俄罗斯总统普京、蒙古国总统额勒贝格道尔吉举行中俄蒙元首会晤。中方提出共建丝绸之路经济带倡议，获得俄方和蒙方积极响应。丝绸之路经济带将同俄罗斯跨欧亚大铁路、蒙古国草原之路倡议进行对接，打造中蒙俄经济走廊，加强铁路、公路等互联互通建设，推进通关和运输便利化，促进过境运输合作，研究三方跨境输电网建设，开展旅游、智库、媒体、环保、减灾救灾等领域务实合作。2015年7月中蒙俄元首签署经济走廊规划纲要谅解备忘录。确定的两个通道均经过内蒙古自治区，一是从华北京津冀到呼和浩特，再到蒙古和俄罗斯；二是东北通道，沿着老中东铁路从大连、沈阳、长春、哈尔滨到满洲里和俄罗斯的赤塔。"中蒙俄经济走廊"的两条通道互动互补，形成了一个新的开发开放经济带。现已开通"津满欧"、"苏满欧"、"粤满欧"、"沈满欧"等"中俄欧"铁路国际货物班列，并基本实现常态化运营。"中蒙俄经济走廊"具有重要的战略意义，有利于三方合作效应发挥。蒙古国2008年通过的《千年发展战略》提出连接中俄的欧亚跨境运输线路及租用他国港口开展海上运输；2011年通过建设"三纵一横"铁路网的国家铁路网规划；2014

年进一步通过决议,实现与中国铁路网的接轨,即在与中国邻近的两段铁路采用与中国相同的标准轨。此外,蒙古国正在积极努力希望在天津建立专属经济区,还要打通乌兰巴托到天津港的出海通道。

综上所述,"中蒙俄经济走廊"的建设需要以民心相通为基础,促进互信互谅与沟通交流。中蒙文化交流与产业合作既是中国与"一带一路"沿线国家经贸发展的重要组成部分,更有助于增强各国民间交流与互信,对于"一带一路"战略的实施,"互联互通"具有基础作用和深远意义。事实上,尽管中国存在自然资源不足,而且在现代化进程中,这一趋势也将进一步扩大,但中国完全可以通过经济手段解决这一问题,通过"经济走廊、丝绸之路"的建设完成区域经济一体化,实现共同富裕目标。中蒙俄应建立政治互信及民间互信,排除误解。中蒙俄三方希望通过"中蒙俄经济走廊"的建设使三方的基础设施实现"互联互通",开辟三方新的统一市场,形成资金提供、能源矿产的开发、销售等市场一体化的链条。中蒙俄的交通网一旦对接,经济走廊将会成为连接俄罗斯、蒙古国和中国内地的重要通道,也成为亚洲与欧洲腹地相联通的重要节点,区位效应相当明显。"中蒙俄经济走廊"的建设有利于中蒙俄能源与资源合作开发,可以加快中蒙俄三方的人员、商品迅速流通,实现沿边开发开放,对于扩大中蒙俄规模经济的形成、推动区域内外资源与市场的发展具有巨大意义。同时,对开通由俄罗斯贝加尔湖的北水南调的巨大工程、解决中国水资源短缺问题以及改善三国的国民生活水平都具有积极作用。

(二) 中蒙文化交流与产业合作是强化中蒙全面战略伙伴关系的需要

发展中蒙文化交流是中蒙战略伙伴关系的重要组成部分。2011年两国建立了战略伙伴关系,蒙古国2011年2月颁布的《国家对外政策构想》中,继续将发展与中国、俄罗斯的关系视为对外政策的首要方针。2013年双方签订了《中蒙战略伙伴关系中长期发展纲要》。2014年8月,习近平主席访蒙,中蒙两国元首举行会谈,一致决定将中蒙关系由战略伙伴关系提升为全面战略伙伴关系,并共同签署并发表了《中华人民共和国和蒙古国关于建立和发展全面战略伙伴关系的联合宣言》(以下简称《宣言》)。中蒙确立了全面战略伙伴关系,合作领域将进一步拓宽蒙古国从战略高度重视同中国发展更加紧密的睦邻友好合作关系,中蒙政治关系维持了不断深化的态势,蒙古国民众对华印象也呈良性改善势头。《宣言》提出中蒙双方在经贸领域将加快推动中蒙铁路、公路、口岸、铁矿、铜矿、铅锌矿、铀矿、煤炭、石油、电力、化工、汽车制造、轻工和房地产等基础设施和矿能资源大项目产业投资合作。中国将加强同蒙古国高新技术和清洁能源领域合作。《宣言》签订了推进基础设施互通、跨境运输等26项合作协议,商定力争2020年实现双边贸易额100亿美元。蒙古国积极响应中国"丝绸之路经济带"建设战略构想,并提出"草原之路"倡议进行对接,以创始成员国身份参与"亚洲基础设施投资银行"建设。在文化领域,中国宣布,今后5年中国将向蒙古国提供1000个培训名额,增加提供1000个中国政府奖学金名额,邀请250名蒙古国新闻媒体代表访华。中国今后5年将向蒙古国免费提供25部中国优秀影视剧译作。

(三) 中蒙文化交流与产业合作是推进民族地区协调发展、社会长治久安的需要

中国的民族地区国土面积613万平方千米,占总国土面积的64%。全国共有5个自治区,155个民族自治地方。中国的陆地边界线约长2.2万千米,其中近1.9万千米在民族地区,中国的边境县(区、市)有138个,其中109个在民族地区。民族地区具有古贸易路线的历史渊源优势,资源富集及沿边的区位优势,跨境的民族语言文化相通的优势及拥有广阔市场的优势。民族地区还是国家实现全面小康及确保国家长治久安的重点地区。西部大开发和兴边富民行动十余年为中国沿边开放、向西拓展提供了良好基础。西部地区与周边国家建立了相当规模的物流、资金流、信息流及人流。2014年12月,国务院发布的《关于加强和改进新形势下民族工作的意见》中强调要支持民族地区新形势下的新发展。而发展民族地区文化产业与文化贸易,既是中国与"一带一路"沿线国家经贸发展的重要组成部分,更有助于增强各国民间交流与互信,对于"一带一路"战略的实施具有重要的基础性作用和深远意义。

1. 实施"一带一路"战略,为民族地区加速发展带来前所未有的机遇

改革开放以来,中国对外开放取得了举世瞩目的成就,但对外开放总体呈现东快西慢、海强陆弱格局。民族地区大多位于西部地区、内陆地区,对外开放程度较低。国家提出和实施"一带一路"战略,开辟了中国全方位对外开放新格局,加快了向西开放、沿边开放步伐。

一是深刻改变民族地区发展定位,"一带一路"战略的实施,将民族地区从对外开放的大后方、边陲、末梢,推向了最前沿、重要节点和关键枢纽。这将极大促进民族地区开放型经济发展。特别是内蒙古满洲里和二连浩特、云南勐腊(磨憨)、广西东兴和凭祥等国家重点开发开放试验区,新疆喀什、霍尔果斯经济开发区等,都将迎来新一轮发展机遇期。

二是为民族地区参与区域合作迎来新机遇。建设丝绸之路经济带,将包括陕西、甘肃、宁夏、青海、新疆等省区在内的大西北与中原腹地串联起来,并置于欧亚区域发展的核心地带,同时也使内蒙古自治区联通俄蒙的区位优势得到显

露。特别是新疆丝绸之路经济带核心区建设、宁夏内陆开放型经济试验区建设，将迎来重大机遇。建设21世纪海上丝绸之路，使广西、云南、贵州等西南民族省区与东南经济发达地区协同起来，成为与南亚、东南亚区域合作的桥头堡，同时为西藏与尼泊尔等周边国家的往来合作带来了良机。2015年1月，习近平总书记视察云南时强调，云南要努力建设成为面向南亚、东南亚的辐射中心。新亚欧大陆桥、中蒙俄、中国—中亚—西亚、中国—中南半岛以及中巴、孟中印缅等经济走廊建设，都将大大拓展民族地区参与区域、次区域经济合作的空间。

三是为民族地区调整优化结构迎来新机遇。基础设施互联互通是"一带一路"建设的优先领域，有利于解决民族地区交通不畅的问题，拉近民族地区与国际国内主要市场的距离。随着"互联互通"全面推进，民族地区内外经济往来的交易费用将大大降低，推进新型工业化以及发展金融、贸易、物流等现代服务业的条件将极大改善。同时，随着绿色丝绸之路经济带建设的推进，经济生态化、生态经济化将使民族地区经济加速转型，特别是一些资源型城市将有更大回旋余地，以改变过度依靠能源资源的现状，实现产业结构优化升级和多样化发展。

四是为民族地区推进新型城镇化迎来新机遇。民族地区城镇化面临的一个重要困难是地域广阔、人口分散，难以形成聚集效应。随着"一带一路"战略的推进，民族地区有望以点带线、以线带面，加快推进新型城镇化，形成以乌鲁木齐、南宁、昆明、银川等区域中心城市为增长极，以"带路廊桥"上的城市群和节点城市为主体的城镇体系。同时，"一带一路"和"长江经济带"共同构成国家版图上的多条金色丝带，进而与东部率先、西部开发、东北振兴、中部崛起战略衔接，实现中国国土开发"线"与"块"的有机结合，将有助于增强边疆地区与内地的紧密度，从而使民族地区更好地融入全国新型城镇化进程。

2. 民族地区具有得天独厚的优势，可以为实施"一带一路"战略作出积极贡献

实施"一带一路"战略，极大激发了相关省区的干劲和热情，很多省区已经做出一系列谋划和部署。例如，陕西正加快建设丝绸之路经济带新起点，甘肃正着力打造丝绸之路经济带黄金段。民族地区要发挥自身优势，找准定位，错位发展，更好地服务国家大战略的实施，造福各族人民。

发挥好历史渊源的优势。丝绸之路是中国古代各族人民与亚欧大陆上各国人民共同开拓的、连接亚欧非贸易和人文交流的通路。历史上的丝绸之路沟通东西、连接南北，中国各民族在这个大通道上迁徙、交流、交融，传递东西方文明的精华，留下了辉煌灿烂的文化，形成了西北和西南两个"民族走廊"。可以说，中国少数民族和民族地区自古以来就与丝绸之路息息相关，有着很深的渊

第二章 中蒙文化交流与文化产业合作的现实选择

源,各族群众对丝绸之路有着很深的情感认同。要汲取和借鉴历史经验,调动和凝聚各民族的智慧和力量,服务当代实践。

发挥好区位独特的优势。民族地区是"一带一路"、"互联互通"的重要节点和关键枢纽。中国2.2万千米陆地边界线中近1.9万千米在民族地区,138个边境县(区、市)中109个在民族地区。已有或规划中的中国和巴基斯坦、孟加拉国、缅甸、老挝、柬埔寨、蒙古国、塔吉克斯坦等邻国的铁路、公路互联互通项目,基本都从民族地区跨出国门。特别是经过10多年西部大开发和兴边富民行动,西部地区基础设施建设取得丰硕成果,边境地区已经建成一批重点开放城市和边贸口岸,与周边国家的人流、物流、资金流、信息流的交流已经初具规模且增速很快,沿边开放、向西拓展具备了良好基础。这些都必将在"一带一路"战略实施中发挥重要作用,并转化为对外开放和经济发展的新优势。

发挥语言文化相通的优势。中国有30多个跨界民族与境外同一民族毗邻而居,其中8个民族建有民族国家、4个民族在邻国建有一级行政区。很多边疆民族地区与睦邻国家山水相连、语言相通、文化相同、习俗相近。新疆、宁夏等地很多民众与阿拉伯国家民众一样信仰伊斯兰教,西藏、云南等地很多民众与很多中南半岛国家民众一样信仰佛教。这些为沿线各国人民沟通交流搭建了桥梁,成为推动"一带一路"建设的有利条件。

发挥拥有广阔市场的优势。民族地区地大物博而基础设施相对落后,市场广阔而发育相对不足,劳动力富余而就业能力有待培养,总体发展需求很大。民族地区独特的自然人文生态,吸引越来越多的人前来观光旅游。近年来国家制定实施差别化的区域性政策,助推民族地区跨越式发展和开发建设。同时,"一带一路"沿线国家资源丰富、市场广阔,与中国经济互补性强,对中国的市场、资金和技术充满渴望。这些都意味着,民族地区无论"走出去"、"引进来"都具有巨大潜力,随着"一带一路"战略的实施,必将成为投资兴业的新热土。

3. 民族地区要抓住"一带一路"战略机遇,加速自身改革开放发展步伐

民族地区是全面建成小康社会的重点、难点和短板,与全国同步实现全面小康,既要依靠国家支持、发达地区支援,更要依靠自力更生、艰苦奋斗。当前,民族地区要抓住"一带一路"战略机遇,积极融入"一带一路"战略实施,壮大和发展自己。

以建设国际大通道为引擎,提升基础设施保障能力。基础设施落后是制约民族地区发展的重要瓶颈。民族地区要全力投入国际大通道建设,争取规划上马一批机场、铁路、高等级公路及能源通道、水利、通信设施项目。要重视航空、铁路、公路、水运一体化联运的标准化建设和物流中心建设,着重打通目前各省区间的"断头路",实现对内畅通无阻、对外东通西达,使基础设施建设与"一带

一路"无缝对接、全面嵌入。

以推进区域合作为核心,助推全面互联互通。要以政策沟通、设施联通、贸易畅通、资金融通、民心相通为目标,积极参与建立多层次、高频度的与亚洲各国、与阿拉伯国家的合作机制,努力消除互联互通的非物理性障碍。广西的中国—东盟博览会、新疆的中国—亚欧博览会、宁夏的中阿博览会、云南的中国—南亚博览会等,在区域和跨区域合作中扮演着越来越重要的角色,应该提升其层次和水平。要发挥民族生态旅游资源优势,联合打造具有丝路特色的国际精品旅游线路和旅游产品,建立跨区域生态环境保护合作机制,办好生态文明贵阳国际论坛,推进区域全方位合作。

以全面深化改革为动力,促进投融资体制创新和经贸往来升级。民族地区要勇于探索、善于研究、敢于尝试,全面深化改革。重点推进金融创新,鼓励开设民营金融机构,主动对接亚洲基础设施投资银行和丝路基金,改变资金不足现状。推进乌鲁木齐、南宁、昆明、银川等地建设区域性金融结算中心,加强广西、云南沿边金融综合改革试验区建设,面向中亚、东南亚和阿拉伯国家逐步实现人民币贸易结算和自由兑换。加快口岸建设,推动设立经贸合作实验区和自由贸易区,推进贸易投资便利化。高起点建设承接产业转移示范区,引导支持企业参与对外投资、承包工程和劳务合作,深化内外经济贸易往来。

以增进各民族福祉为导向,解决好关系民生的现实问题。民族地区公共服务水平较低,要更加重视"一带一路"项目对民生改善的长久效果。同步推进产业升级、就业创业、扶贫攻坚,特别是注意吸纳少数民族群众就业,做到惠及当地、惠及百姓。着力解决用电、饮水、医疗、上学、上网等现实问题,提高各族人民幸福指数,把"一带一路"建设成为富裕地带、幸福之路,让"互联互通"助推人心归聚、精神相依。

以加强民族团结为基石,营造良好的国际国内环境。当今世界,不同文明、不同民族、不同宗教加快交流交汇交融。要综合研判国际国内情况,更加重视做好民族工作,大力开展民族团结进步宣传教育和创建活动,坚决防范和依法打击境内外敌对势力的渗透、破坏、分裂和颠覆活动,维护各民族和睦相处、和衷共济、和谐发展的良好局面。要积极参与国际交流合作,支持不同文明和宗教之间的对话,防止极端思想和势力在不同文明之间制造断层线;共同打击消除走私贩毒、跨国犯罪、恐怖主义等非传统安全因素,营造良好的国际和周边环境。

以提升文化软实力为目标,积极推动包括各民族文化在内的中华文化"走出去"。中国的发展,需要向世界广泛传播自己的文化和价值观,特别是有中国特色的多民族和谐共生的多元一体文化。中国各民族地区要充分挖掘特色文化优势,打造更多文化精品力作,多渠道、全方位向世界展现一个各民族群众守望相助、手足相亲的中国，一个各民族文化多姿多彩、交相辉映的中国。要促进官方和民间文化交往交流，大力宣传与中华文化高度契合的丝绸之路精神，增进中国国家的亲和力、感召力，用中华文化软实力为"一带一路"战略的实施保驾护航。

（四）中蒙文化交流与产业合作是推动东中西部文化产业区域协同发展的需要

我国文化产业区域发展呈现地区不平衡特征，即东部全面领先、中部紧紧追赶、西部大步快跑型的梯度发展。第一，东部全面领先。2013年东部10省市的资产规模平均为4502.25亿元。在文化产业六大类别分地区分年度排序中，广东位居第一，江苏、山东、浙江、北京、上海在文化内容生产、文化传播渠道和生产性文化服务、文化装备制造和文化消费终端制造方面均发展迅速。第二，中部紧紧追赶。近5年来，中部六省与东部10省市的差距逐步缩小。2013年，中部地区湖南省、河南省和湖北省文化生产服务增加值仅低于广东和山东的规模。第三，西部大步快跑。西部个别省市发展迅速。西部12省区市与东部10省市的发展差距也在逐步缩小。尤其是四川省、重庆市成果卓著。

"一带一路"战略以推进区域合作为核心，主张平衡发展。对内开展东中西部合作，协调发展，逐步推进。对外开展区域和跨区域合作，也主张多地区经贸合作统筹发展。"一带一路"战略背景下，西部民族地区被推向对外开放的前沿地带。大大提升了发展开放型经济和文化贸易的水平。通过西部口岸开放，联结边疆、沿边地区与境外、中国东中部地区，从而缩小地区差距。宁夏成为中国向西开放的战略平台，成功举办中阿经贸论坛和中阿博览会。新疆是西部及亚欧大通道的核心，是东西方货币交汇点。简言之，"一带一路"背景下，文化产业地区发展趋势是东中西部地区一体化发展。因此，首先，需要在顶层设计和制度安排上加强统一规划，明确国家设计已出台的各省定位、产业布局、跨省交通规划、政策支持和各地协调等。其次，进行省级设计，主要解决不同城市功能、产业、物流等定位。应在2015年3月《推动共建丝绸之路经济带和21世纪海上丝绸之路的愿景与行动》明确各省定位的基础上突出各个民族地区自身的特色。更应注意加强省际间政策协调和产业发展统筹协调，确定各个节点省区市的产业定位和功能布局，避免各地资源、政策争抢，重复建设以及同质化竞争。内蒙古自治区提出着力打造融开放之门、亚欧之路、集散之枢、先行之域于一体的"中俄蒙经济走廊核心区"。开展区域和跨区域全方位合作，举办了中俄蒙国际装备制造业博览会（内蒙古）等，并在旅游、环保等方面与其他区域积极开展洽谈合作。

二、中蒙文化交流与产业合作是实现两国经济转型的需要

习近平总书记2014年5月在河南考察时指出,"中国发展仍处于重要战略机遇期,中国要增强信心,从当前中国经济发展的阶段性特征出发,适应新常态,保持战略上的平常心态。"在2014年11月9日的亚太经合组织(APEC)工商领导人峰会上习近平首次系统阐述了"新常态"。指出"新常态"将给中国带来新的发展机遇。与此同时,蒙古国政府希望发展原材料深加工,提高出口产品附加值。蒙古国总统额勒贝格道尔吉曾表示,蒙古国不只单纯发展矿业,还将大力投资发展其他经济,使蒙古国从"单色经济"转变为"彩色经济",即从单一依赖矿业的经济体转变为拥有多个支柱产业的经济体,因此,蒙古国也面临着经济结构转型的问题。

(一)中蒙文化交流与产业合作是"新常态"下中国经济转型升级的需要

中国经济呈现出"新常态",主要特征是:一是速度,中国经济的发展速度,从高速增长转为中高速增长;二是结构,经济结构不断优化升级,经济结构从增量扩张为主转向调整存量做优增量并存,推动发展成果惠及更广泛地区、更广大民众;三是发展方式,发展方式从规模速度型粗放式增长向质量效益型集约化增长转变,不再简单以国内生产总值增长率论英雄,而是强调以提高经济增长质量和效益为立足点;四是动力,经济发展驱动力从要素驱动和投资驱动转向创新驱动和消费驱动,既要实现自身发展,同时又以自身发展为亚太经济增长做出贡献。

"新常态"下中国经济发展的挑战与机遇。当前中国经济步入"新常态",经济增长进入了可控、相对平衡的运行区间。在外需疲软、内需回落、房地产调整及深层次结构变动的力量综合作用下,经济下行压力有所加剧。然而,"新常态"并不是只有困难、挑战和风险,"新常态"并没有改变中国发展仍处于可以大有作为的重要战略机遇期的判断,改变的是重要战略机遇期的内涵和条件;没有改变中国经济发展总体向好的基本面,改变的是经济发展方式和经济结构。因此,中国经济"新常态"孕育着一个正在崛起的国家拥抱新经济体系的宏大发展机遇。中国人民大学校长陈雨露指出,"新常态"下中国经济发展面临七大机遇。第一,大改革与大调整的机遇。第二,大消费、大市场与构建"大国经济效

第二章 中蒙文化交流与文化产业合作的现实选择

应"的机遇。中国的"世界工厂"开始与中国的"世界市场"相对接,在内外贸易一体化的作用下使中国经济的稳定性和抵抗世界经济波动的能力大幅度上扬。第三,"大纵深"与构建多元增长极的机遇。中国产业的梯度大转移不仅大大延缓了中国工业化红利消退的速度,同时通过构建多元化的增长极使中国产业空间布局更加科学。第四,"大人才"与构建第二次人口红利的机遇。以大学生和人力资源为核心的第二次人口红利开始替代以农民工和低端劳动力为核心的传统人口红利。中国从人口大国迈向人力资源强国。第五,"大创新"与构建技术红利的机遇。"中国制造"开始向"中国创新"转型,从劳动力密集型制造业向知识密集产业过渡。第六,大升级与构建升级版中国经济的机遇。在市场、技术、人力等多方面的作用下,中国经济开始出现全面升级的势头。在人均 GDP 接近 8000 美元时,消费开始出现大幅度升级,开始从过去 30 年的以吃穿住行为主体的工业化消费转向以高端制成品和服务消费为主的后工业化消费;产业在需求拉动下,开始大幅度由制造业转向服务业、由劳动密集型产业转向知识与技术密集型产业。第七,大开放与中国经济全球布局的机遇。中国经济实力的全面提升以及 2008 年国际金融危机带来的全球经济格局的变化,给予中国前所未有的进行大开放和全球布局的机遇;中国开始从商品输出为主转向资本输出为主,海外并购的平均增速超过 30%,对外投资总量 2014 年已突破 1000 亿美元;以区域性自由贸易区的构建全面强化中国开放的板块效应;以"一带一路"为核心展开中国空间战略与开放战略全面对接,并通过互联互通打造中国新的国际合作格局;以金砖银行、亚洲基础设施投资银行、丝路基金等国际金融机构的构建,打破欧美一统国际金融的格局。这有效扩张了中国资源配置的空间以及盈利模式,把中国的发展带入新阶段。

随着改革开放不断向广度和深度推进,制造业产值居世界第 1 位,贸易进出口影响全球,经济总量稳居世界第 2 位。中国经济发展虽然取得长足进步,是经济大国,但还不是经济强国。中国的发展路径是速度优先型赶超战略,经济发展呈现出"规模大、人均低,消耗高、技术低,积累高、消费低"的阶段性特点,不平衡、不均衡、不持续、不经济的粗放特征非常明显,在诸多方面还显示出"大而不强"的特点。从经济发展水平看,2013 年中国人均国民总收入为 6560 美元,虽已迈入中等偏上收入经济体行列,但还仅相当于高收入经济体标准 12276 美元的 51.5%,中国人民的生活水平与发达国家乃至处在相同发展阶段的国家比,还有很大的差距。在科技创新、产品创新、产业创新、商业模式创新、核心技术等方面,2014 年 7 月发布的《全球创新指数报告》显示,在参与测评的 143 个经济体中,2014 年,中国 GII 虽然领跑金砖国家且在所有中等偏上收入经济体中排名第 1 位,但仍只居世界第 29 位。中国原创性的发明不多，关键核心技术对外依存度达50%，显现出中国整体科技实力不如发达国家，科技基础相对薄弱。此外，中国服务业占GDP的比重太低。中国城乡二元结构长期存在，人口迁徙受阻，以常住人口口径计算的城市化率为52.67%，按户籍人口计算的城市化率仅为35%，城镇化落后于工业化，水平严重滞后。从金融方面看，经济强国国家金融体系发达，货币可自由兑换程度高，具有与经济地位相匹配的地位和影响力。据国际货币基金组织统计，2012年人民币在国际储备货币中的比重还仅为1.67%，而一国货币被视为国际货币的衡量标准至少要达到4%以上；中国的金融市场发育水平与中国的经济规模相差甚远。

转型升级是中国经济由大变强的必由之路。国际金融危机爆发以来，世界经济正在经历深度调整。全球经济总体表现增长乏力，历经数年仍未走出国际金融危机的阴影，国际市场需求不足，中国经济发展的国际空间越来越受到挤压。中国的经济结构总体看调整进展比较缓慢，投资与消费关系仍然严重失衡，制造业核心竞争力不强、第三产业比重过低的问题一直没有得到较好的解决。随着中国的经济增长速度从高速向中高速换挡并成为新常态，再加上外需对中国经济的拉动减弱，中国的产业结构、需求结构、区域结构不合理的问题进一步暴露。此外，中国经济增长内生动力亟待重塑。经济增长依靠"三驾马车"共同拉动，过去中国过多地依赖投资和出口，从投资来看，中国的投资边际产出明显下降，2012年，每百元投资创造的GDP仅为138元，是10年前的49.8%。中国投资的三大主要阵地，即基础设施、房地产和制造业对经济的投资支撑作用也在减弱。在这种情况下，立足内需已是中国未来经济实现可持续增长的必然选择，通过经济转型升级重塑新的增长内生动力已迫在眉睫。另外，资源环境约束日渐突出。以消耗资源和能源、污染环境为代价的经济增长方式难以为继，资源、能源和环境的瓶颈制约和矛盾日益突出，必须转变经济发展方式。

当前，中国经济转型升级的主要路径包括：第一，深化体制改革，推动转型升级机制创新，建立健全推动经济转型升级的制度环境。第二，统筹处理好"速度"和"质量"的关系，保证转型升级顺利健康进行。第三，全力推进结构优化升级，不断培育壮大经济发展的内生动力。加快传统产业转型升级，大力促进产业协调发展。尽快改善投资和消费结构，把扩大国内消费需求既作为当下保增长的现实选择，又作为推进中国经济整体转型升级的持久动力。大力推进城市化和城乡一体化建设。积极培育发展战略性新兴产业和绿色产业。第四，努力推动创新驱动，赋予经济增长原动力。提升企业创新的动力，加强知识产权保护，完善创新投融资体系，加强对创新成果的市场保护和扶持。第五，提高开放型经济水平，努力营造转型升级的国际环境。

（二）中蒙文化交流与产业合作是蒙古国经济结构转型的需要

蒙古国自然生态资源丰富，地大物博。地上资源有高于全世界平均水平的太阳能和风能资源；地表资源有较丰富的森林和草原资源、土地资源和野生动植物资源；地下资源有目前已探明的80多种矿产和6000多个矿点，主要有铁、铜、钼、煤、锌、金、铅、钨、锡、锰、铬、铋、萤石、石棉、稀土、铀、磷、石油、油页岩矿等。其中，煤炭蕴藏量约1520亿吨、铜约2.4亿吨、铁约20亿吨、磷约2亿吨、黄金约3100吨、石油约80亿桶。

近年，蒙古国积极采取措施改善投资环境，恢复经济增长。一是加快推进国内产业发展和基础设施建设。蒙古国政府将2014年定为"建设年"，以加快推进重点建设项目。具体包括加强建材、纺织、食品加工等领域的工业化，支持国内制造业发展，以替代进口、减少贸易赤字。放宽塔本陶勒盖煤矿、奥尤陶勒盖铜金矿的投资条件，扩大资源开发和出口规模。拟兴建水力发电站、风电项目，积极筹建炼油厂及中蒙煤制气工厂，提升资源自给率。蒙古国对与中国实现互联互通态度积极并开始采取实际行动，除正在修建连接各省与乌兰巴托的公路外，批准蒙古国西部连接中蒙边境的布尔干与蒙俄边境的查干诺尔的南北纵向公路投资计划，决定修建首条连接蒙古国南北边境即从阿拉坦布拉格至乌兰巴托至扎门乌德的高速公路。2014年4月，蒙古国经济发展部向国家大呼拉尔提交"新铁路计划"议案，提出应在连接塔本陶勒盖煤矿与中国约280千米的铁路上使用标轨，修建从蒙古国嘎顺苏海图到中国甘其毛都的18千米口岸铁路。二是回调外资政策，改善投资环境。2013年10月，蒙古国大呼拉尔通过新《投资法》，取消了对外资投资金额的限制。2014年2月，蒙古国政府与多边投资担保机构签署《有关已担保境外投资法法律保护协议》，为境外投资提供法律保障。三是积极吸引国外资本开发矿产资源，政策环境趋于宽松。矿产业已成为蒙古国的支柱产业，矿产品出口占外贸出口总额的90%以上。从资源禀赋的现实看，未来矿业仍是蒙古国经济发展的主要支撑。为进一步优化蒙古国的投资环境，蒙古国政府针对矿产资源的国家政策将进一步优惠。例如，针对煤炭行业来说，洗煤、选煤等非原煤出口的企业可以免缴9%的资源税。2014年4月，蒙古国矿产部又提交了新的《矿产法》修订草案，恢复发放新的勘探许可证，解决矿证转让混乱现象，建立健全长期、稳定的投资法律环境。2009~2013年蒙古国宏观经济数据见表2-1。

表2-1 2009~2013年蒙古国宏观经济数据

主要指标数值	2009年	2010年	2011年	2012年	2013年
实际GDP（亿美元）	29.1	60.8	78.8	103.3	115.4
人口（百万）	2.737	2.755	2.834	2.869	2.931
人均GDP（美元）	1552	2470	2781	3482	3937
外贸总额（亿美元）	40.34	61.77	114.2	111.2	106.3

数据来源：中华人民共和国商务部网站。

蒙古国在经济上对中国经济的倚重增强，由于地理位置与经济结构的互补性，经贸合作已成为中蒙关系的重要内容，中国连续10多年保持了蒙古国最大贸易国和最大投资国的地位。当前世界经济"西衰东兴"，发达国家正处在经济危机后的缓慢恢复期中，这对蒙古国主要依赖国际市场的经济发展模式形成较大挑战。蒙古国急需发展能源和资源开发合作，取得资金以便扩大对石油、天然气矿产的勘探开发，增加出口收入，缓解能源和资源型企业面临的经济困难，但西方国家能源和矿产需求减少，严重影响了蒙古国能源和矿产品出口，使得蒙古国经济严重依赖对中国的出口且对中国倚重逐年加深。因此，蒙古国各级政府均视中国为蒙古国经济发展不可或缺的外部引擎，对中国的重视程度前所未有。特别是期望能扩大对中国的煤炭出口，推动煤制气项目，共同开展稀土开发，并在公路、铁路等基础设施、金融、工业园区及清洁能源等方面加强与中国的合作。蒙古国总统额勒贝格道尔吉表示，应尽快制定加强与中国的经贸合作方案，以获取中国的经济援助和支持，解决经济困境。

蒙古国更加注重多元发展和绿色发展，产业发展模式将做出调整。蒙古国因缺乏完整的工业链，矿产品易被国际市场所左右。因此，蒙古国希望发展"彩色经济"，即从单一依赖矿业的经济体转变为拥有多个支柱产业的经济体。2010年开始建设赛音山达工业园区，对塔本陶勒盖焦煤矿和奥尤陶勒盖铜金矿的产品进行加工。蒙古国的矿产业发展过程中对环境造成了较大破坏，为此近来一直在探索矿产和能源领域的正确发展道路。2013年在乌兰巴托举行的世界环境日大会上，蒙古国正式成为联合国环境规划署7个"绿色发展行动伙伴"之一，计划在2020年使可再生能源利用量达到总的能源需求的20%~25%。大力开发风能是蒙古国可再生能源发展计划的重要组成部分。资料显示，蒙古国10%的国土面积可以利用风能，13个省具备发电量超过2万兆瓦，9个省具备发电量超过5万兆瓦的风能资源。除风力资源外，蒙古国有大小河流3800多条，水力资源丰富。蒙古国境内每年有270~300天是晴天，为利用太阳能资源提供了条件。目前，蒙古国正与美国等国家的企业合作开发绿色可再生能源，计划建31组风力发电机组，设计发电量为每天50兆瓦时，投产后可满足蒙古国5%的用电量，每年可节省19万吨煤、160万吨水，减少18万吨温室气体排放。

（三）中蒙文化交流与贸易合作的战略意义

经济社会发展与消费结构升级推动文化产业的发展与繁荣。文化产业的发展又反过来可以促进国家转型发展，促进国家间政治、经济、贸易、文教、卫生等多方面的合作与发展，增强国家综合实力和竞争力。中蒙的文化交流与产业合作具有重要的战略意义。

首先，有利于增进国家间人民的相互了解和友谊。中蒙的文化交流与产业合作是保证中蒙睦邻友好国家关系稳定健康发展的社会基础。中蒙文化交流与产业合作既是中国与"一带一路"沿线国家经贸发展的重要组成部分，更有助于增强各国民间交流与互信，对于"一带一路"战略的实施、互联互通具有基础作用和深远意义。

其次，有利于中蒙应对国际文化贸易新形势。国际自由贸易协定和区域贸易协定的快速发展，有利于信息技术推动，市场需求快速增长以及创新驱动，"文化+"战略推进，跨业态的融合以及文化产业和文化贸易的融合。

再次，有利于中蒙两国各自经济结构的优化升级。文化产业的发展繁荣，能迅速增加第三产业比重从而优化经济结构。文化产业具有融合性强、可持续、创新驱动、低碳环保特征，符合中国和蒙古国当前经济建构转型升级的需要。

最后，有利于提高中蒙文化产业发展水平并惠及民众。文化产业的发展繁荣可以提供更丰富更高水平的文化产品和文化服务，从而惠及民众，民众共享文化产业发展成果。

三、中蒙文化交流与产业合作是促进中蒙经贸合作的需要

1951年中国与蒙古国建立贸易关系，曾长期采取记账贸易方式开展贸易活动。1991年两国政府签订新的贸易协定，以现汇贸易取代了政府间记账贸易。1991年8月中蒙签订《关于鼓励和相互保护投资协定》、《关于对所得避免双重征税和防止偷漏税的协定》，并均于1993年1月1日生效实施。2008年6月签署了《中国与蒙古国经济贸易合作中期发展纲要》，规划了未来五年的中蒙经贸合作。2014年8月，中国国家领导人访问蒙古国期间，两国签署多项合作文件，其

中涉及经贸、过境运输、矿产、基础设施建设、金融等领域。例如，《中华人民共和国政府与蒙古国政府经贸合作中期发展纲要》、《中华人民共和国政府与蒙古国政府关于发展铁路过境运输合作的协议》、《中华人民共和国国家发展和改革委员会与蒙古国经济发展部关于成立中蒙矿能和互联互通合作委员会的谅解备忘录》、《中国人民银行与蒙古银行人民币/图格里克本币互换协议》、《中国石油天然气集团公司与蒙古国石油局合作备忘录》等，都颇受外界关注。根据中蒙两国元首 2014 年 8 月 21 日签署的一份联合宣言，双方将积极利用经贸合作的潜力和机遇，争取两国贸易额逐年扩大，在 2020 年达到 100 亿美元。双方将在中蒙矿能、互联互通合作委员会以及双边其他机制框架内，加快推动中蒙铁路、公路、口岸、铁矿、铜矿、铅锌矿、铀矿、煤炭、石油、电力、化工、汽车制造、轻工和房地产等基础设施和矿能资源大项目产业投资合作，全面提升中蒙务实合作的规模、质量和水平。

（一）中国是蒙古国第一大贸易伙伴

中蒙贸易额占蒙古国贸易总额的一半以上。2013 年中蒙贸易总额为 59.56 亿美元（见表 2-2），同比下降 9.8%。据中国海关统计，近年来中国对蒙古国出口商品包括机械器具及零件；电机、电器及音像设备及其零附件；车辆及其零附件，铁道车辆除外；针织或钩编的服装及衣着附件；皮革制品；旅行箱包；动物肠线制品；光学、照相、医疗等设备及零附件；钢铁制品等。据中国海关统计，近年来中国从蒙古国进口商品包括矿砂、矿渣及矿灰；矿物燃料、矿物油及其产品；铜及其制品；钢铁；塑料及其制品等。

中国对蒙古国直接投资的行业有地质矿产资源勘探与开采、贸易餐饮服务、建筑工程及建材生产、畜产品加工、食品生产等。2013 年中国企业在蒙古国新签承包合同 78 份，新签合同额 14.04 亿美元，完成营业额 10.72 亿美元。2013 年当年派出各类劳务人员 9663 人。

表 2-2 2009~2013 年中蒙贸易数据

主要指标数值	2009 年	2010 年	2011 年	2012 年	2013 年
中国出口（亿美元）	10.90	14.50	27.30	26.50	24.50
中国进口（亿美元）	13.40	25.30	37.00	39.50	35.06
中国在蒙古国投资（亿美元）	1.20	1.40	1.10	3.20	3.50

数据来源：中华人民共和国商务部网站。

（二）中蒙经济互补性强，有地缘、矿产、畜牧业发展优势

中蒙两国经济结构的差异，使双方自然资源、经济结构、劳动力和技术等方面存在较强的互补性。经济互补性强是两国经贸关系获得快速发展的内在原因。蒙古国地广人稀，经济欠发达，资金量缺乏，人们的生活水平相对偏低；2012年和2013年的人均GDP分别为3482美元和3937美元；显然，两国的基础设施、经济结构、金融实力、科技人才、资源分布、人口数量等差异较大，因而两国的经贸合作才能产生基础设施建设、资源开发、金融合作、科技交流、人才培训、劳务输出等领域经贸合作互补的潜能。第一，自然资源互补。中国当前正急需煤、石油等能源以及铜、铁等矿产资源，另外，中国有相对成熟的技术、设备和丰裕的资金，能为蒙古国矿藏开采业、加工工业提供必要的资金和技术，这样中蒙两国可以实现优势互补。第二，经济结构互补。中国经过几十年的改革开放，一跃成为世界制造业中心，在制造业和种植、食品加工、纺织业等行业具有比较优势，与蒙古国的经济结构形成极强的互补性。中国与蒙古国在农牧业方面的合作同样蕴藏一定商机。例如，在农业水利化、牧业现代化发展方面的合作以及高科技、高产量种养殖业的合作等。第三，劳动力和技术互补。蒙古国地广人稀，人口密度每平方千米不足2人。中国科技水平获得迅速发展，种植业、食品加工、毛纺、加工制造业技术研发能力相当强，中国劳动力资源极为富足，这与蒙古国劳动力短缺、劳动力素质偏低形成互补。

中蒙经贸合作，有天然的地缘优势。两国山水相连，距离近，边境线长。中蒙经贸合作，有丰富的矿产资源优势，矿产业是蒙古国经济发展的重要支柱产业之一。目前，蒙古国矿业产值约占GDP的34%，占出口收入的82%，占财政收入的33%；2013年矿产开采及加工业产值占蒙古国工业生产总值的比重达59.3%，矿产品出口占蒙古国出口总额的81.8%。蒙古国矿产资源丰富，部分大矿储量在国际上处于领先地位。其中，奥尤陶勒盖铜金矿（OT矿）是蒙古国最大的铜金矿，也是蒙古国重要的经济支柱之一，力拓和蒙古国政府分别持有该矿66%和34%的股份；塔本陶勒盖煤矿（TT矿）是当今世界上最大的煤矿，矿区煤炭储藏面积达400平方千米，煤层厚度达190米，原煤出焦率达60%以上。中蒙经贸合作，有发达的畜牧业优势。畜牧业是蒙古国的传统产业，是国民经济的基础，也是其加工业和生活必需品的主要原料来源；蒙古国有天然牧场，草原资源丰富，现有牧民家庭20.98万户，牧民28.55万人；畜牧业产值占农牧业总产值的80%，占出口收入的10%；截至2013年底，全国共有牲畜4090万头（只），同比增长12.6%。

（三）中国企业投资蒙古国面临的主要问题

蒙古国方面。一是政府投资政策的连续性较差。蒙古国的政治制度为宪政共和国，是设有总统的一院制议会民主体制国家；国家大呼拉尔（议会）是国家最高权力机关，行使立法权；国家大呼拉尔可提议讨论内外政策的任何问题。国家大呼拉尔主席、副主席、总理和总统任期均为4年，政府成员由国家大呼拉尔任命。每届政府新成员上任，对上届未实施的决议要重新审议，这为中资企业来蒙古国投资增加了较大的风险，蒙古国政府投资政策的连续性和稳定性较差，这对来蒙古国投资者来说至关重要。二是基础设施较差。来蒙古国投资建工厂或矿山开发，涉及的道路、水电、通信等均需投资者自行解决，这是投资者必须考虑的投资成本。三是非经济的人为因素也是中蒙经贸合作的一个不可忽视的障碍，如个别政府官员腐败问题、效率低下问题、个别人对中国心存疑虑问题等。四是蒙古国在资源开发方面不愿单纯出口原材料，主张深加工和附加值高的产品出口，为此，需要外资企业的技术支持。

中国方面。一是有的中国企业对蒙古国的投资政策、法律法规和市场状况不了解、不熟悉，依法经营的意识亟待提高，对资本项目的前期可行性研究做得不充分，风险防范不足；对企业"走出去"投资项目运营和国外企业管理经验不足。二是中国企业在蒙古国的无序竞争、恶性压价、无规则操作给双边的经贸合作带来了负面影响。三是中国企业和华人在蒙古国民众的好感度还有待提高，其在蒙古国的形象还需不断改善。

其他方面。国际上对蒙古国的市场竞争激烈，俄罗斯是蒙古国第一大进口国，至今蒙古国所需成品油的95%以上和西部省区电力全靠俄罗斯供应；同时，蒙古国丰富的地下资源极大地吸引俄、韩、日、澳、美、加等国，它们加紧与蒙古国开展资源等多种项目的合作。而蒙古国也在2014年实施了新的《外国投资法》，用来保护保障投资者合法权益。所以，中蒙经贸合作机遇和挑战并存，机遇大于挑战。

四、中蒙文化交流与产业合作是增强两国民间交流与往来的需要

国之交在于民相亲，增强中蒙民间交往，加强互信与沟通，发展中蒙民间友好关系，对于中蒙政治、经贸发展具有基础性意义。中蒙关系已迎来了历史最好

第二章　中蒙文化交流与文化产业合作的现实选择

发展时期。两国建交以来，政治互信不断加深，各领域合作不断深入。中蒙两国应携手合作，为推动国家关系发展贡献力量。

中蒙两国文化交流源远流长。一是教育领域的交流与合作。中蒙两国从20世纪五六十年代开始互派留学生。目前，中国每年向近400名蒙古国学生提供中国政府奖学金赴华留学，有近8000名蒙古国学生在中国留学。学业有成的留学生回到蒙古国，在各行各业为中蒙两国人民的友谊及两国交流与合作做出自己的贡献。据统计，蒙古国目前共有63所学校开设汉语课程，2013年蒙古国学习汉语的人数已经超过1.3万，这对人口约300万的国家来说是不小的数字。蒙古国立大学孔子学院院长朱军利介绍说，蒙古国立大学孔子学院是蒙古国唯一一所孔子学院，由山东大学和蒙古国立大学合办。开办以来，孔子学院坚持非学历培训与学历教育并举的汉语教学发展思路，累计培养非学历学员2400多人次，听课本科生达2100多人次；培训大中小学本土汉语教师520多人次；举办各类汉语文化活动530多场次。2011年，中蒙战略伙伴关系确定，双方签署了《中华人民共和国教育部与蒙古国教育文化科学部2011～2016年教育交流与合作执行计划》，该计划已经逐步扩大规模并形成机制。中国文化中心在乌兰巴托落地、生根、发芽，成为中蒙两国举办文化活动、开办教学培训、提供信息服务等的主要阵地。

二是出版及文化遗产保护方面的交流与合作。"汉语热"在蒙古国不断升温，蒙古国国立大学孔子学院蒙方院长其米德策耶将《论语》、《大学》等典籍翻译成蒙古文，成为蒙古国畅销书。中方派文物修复专家协助蒙古国修复辽代古塔历史文化遗迹工作进展良好。双方在蒙古长调保护、申遗等领域开展了卓有成效的合作，中蒙两国成立了蒙古族长调民歌联合保护协调指导委员会和专家工作组，先后三次召开工作会议，启动了实质性的联合保护行动，并制定了详细的《中蒙联合开展长调民歌田野调查大纲》。两国文学界加强交流合作的范围不断拓宽，除了学术报告会之外，中国作家代表团还与蒙古国作家进行了广泛交流。两国文学界将进一步加强合作，包括加强作家互访，中国文学期刊《民族文学》刊登蒙古国作家的代表作，两国每年对5～10本文学作品进行互译等。

三是医疗卫生方面的交流与合作。蒙古国东方省红十字会与中国内蒙古自治区呼伦贝尔市红十字会在2014年3月18日签署了合作协议。双方将在遇有灾害发生时，适时给予对方援助，平时加强应急培训交流合作，开展文化与体育方面的交流合作。蒙古国东方省红十字会两次组织中学学生代表团，来呼伦贝尔市演出交流，慰问光荣院老荣军。两地群众反应热烈，落实了中蒙两国友好交流年的重大意义。2014年7月2日，为期一周的内蒙古中蒙友好交流系列活动陆续在蒙古国展开，来自中国内蒙古自治区的医疗专家、新闻出版界人士、文艺界代表等近百人跋涉上千里，深入蒙古国乌兰巴托市、达尔罕市、后杭盖省等地区，与蒙古国基层群众面对面交流，架起两国友好交流的桥梁。

四是影视传媒、演出文化活动等方面的交流与合作。近年来，中国和蒙古国文化交流合作日益频繁，形式丰富多样，成果不断显现，国际社会关注度大大提高。在2014年外交部公布的《中蒙友好交流年纪念活动方案》中，仅人文领域活动就有22项。这个方案包括中蒙双边关系文献汇编、中蒙两国互办文化周、举办中蒙儿童文化交流系列活动和中蒙友好交流知识竞赛、在蒙推出中国电视纪录片和电视作品、两国新闻代表团互访、举办蒙古国学生汉语语言文化类系列比赛、举行纪念中蒙建交65周年学术研讨会、在中国举办蒙古学学者圆桌会等诸多内容。为中蒙友好交流增添了光彩。蒙古国中华商会担当着两国民间交流的重任，成立以来，已发展110多家理事单位，涵盖建筑、石油、矿山、服务等多个领域，为增进中蒙两国交流做了大量工作，先后举办了蒙古国投资环境和在蒙中资企业的社会责任、中蒙贸易合作与法律环境研讨会、中蒙企业合作论坛。同时，中华商会邀请蒙古国总理与中资企业进行座谈，反映中资企业心声，效果良好。

五是青少年团体互访项目、体育、旅游等方面的交流与合作。2015年5月，由100名社会各界青年代表组成的蒙古国青年代表团抵达北京，开始对中国进行为期一周的友好访问。中国驻蒙古国大使馆参赞指出，每年大约有100多万人次的蒙古人到中国各地旅游观光，占蒙古国总人口的1/3。据蒙古国文化旅游体育部部长介绍，近年来，中蒙两国文化交流越来越深入和广泛，助推了两国各领域关系稳步发展。从1994年开始，中蒙两国政府签署文化合作协议，每三年都有具体计划。根据两国政府签订的文化合作协议、科技合作计划、教育交流与合作计划等，中蒙双方开展了多渠道、多层次、多形式的文化交流与合作。除了在乌兰巴托举办汉语比赛、每年互派文艺团体、体育代表团访问对方外，两国还就互派留学生、相互承认学位、学历以及中国向蒙古国派遣汉语教师志愿者等签署了协议。

文化产业作为智力型、清洁型、增值型的产业，以精神文化生产开发为主，将人类发展转向自身资源的开发。由于人类精神文化需求以及人类精神文化资源开发的无限弹性，文化产业没有传统产业的扩展边界，这使得人类的可持续发展变为可能。加强中蒙文化产业的联系、合作与人员交流关系，开发合作项目，在世界市场中构建全球化网络。

中蒙两国边界线长达4700多千米，这一突出地缘优势，为两国人民交往提供了得天独厚的条件。中国与蒙古国有着很深的历史渊源，中国内蒙古自治区蒙古族与蒙古国人民同宗同源、语言相通、民俗相近，毗邻地区往来频繁，边民关系融洽，民间交往密切。这对于发展中蒙文化交流与产业合作、促进中蒙沟通民意、增强互信奠定了深厚基础。中蒙文化交流与产业合作有助于发展中蒙经贸、政治、民间互信。发展文化产业这一绿色环保、新兴产业，符合两国经济结构调整、提高服务业比重、提升经济发展水平的需要，也是进一步增强中蒙政治关系、两国民间交流与往来的必然要求和重要路径。对于增强中蒙民间交往，2014年12月首届中蒙民间对话会提出，第一，中蒙民间力量应成为两国沟通民意、增强互信的积极拥护者；第二，中蒙民间力量应成为发展两国全面战略伙伴关系的出谋划策者；第三，中蒙民间力量应成为两国合作共赢、共同发展的积极参与者。

第三章

中蒙文化交流与文化产业合作的基础与制约因素

中蒙合作不仅是中国与周边国家合作的典范,也是大国与小国合作的典范。2014年8月21日,中蒙两国元首共同签署并发表《中华人民共和国和蒙古国关于建立和发展全面战略伙伴关系的联合宣言》,中蒙关系以及中蒙人民之间的联系和感情交流也因为这次访问而获得很大提升。

一、中蒙关系的历史沿革

三百多年前,精明的晋商开辟了一条穿越如今中、蒙、俄三国的"万里茶路",把中蒙两国紧密地联系在一起。如今这条漫漫茶路的商贸作用虽已湮没于历史的尘埃中,但其留下的丰富历史文化遗产却影响着中蒙两国关系的发展。新中国成立之后,中蒙关系经历了四个阶段:

第一阶段是1949年到20世纪60年代前期,这一段时间中蒙关系处于相对友好的时期,两国关系发展顺利。1949年10月16日,蒙古国与中国建交。从1956~1965年,中国向蒙古国提供了三笔总额为4.6亿旧卢布援款,无任何附加条件向蒙古国派遣了1.8万名专家和工人。1960年5月27日至6月1日,周恩来访蒙并签署了《中蒙友好互助条约》,奠定了中蒙关系的里程碑。1962年12月25~27日,蒙古国主要领导人访华并签订了《中蒙边界条约》,顺利划定了两国边界线。

第二阶段是20世纪60年代中期到1989年苏联解体前后,中蒙关系相对紧张。

第三阶段是从20世纪90年代起至2013年。1989年,两国关系实现正常化。

1994年4月，两国签署《中蒙友好合作关系条约》。1998年12月，中蒙双方发表了阐明21世纪两国关系发展方针的《中蒙联合声明》。进入21世纪之后，随着中国经济的迅速发展，中国与蒙古国贸易增长迅速，2007年，中蒙两国双边贸易额为20.30亿美元，中国连续9年成为蒙古国最大贸易伙伴。

第四阶段是2014年以来。2014年，两国元首全面规划了各领域务实合作，决定实施矿产资源开发、基础设施建设、金融合作"三位一体，统筹推进"发展战略，确立了互联互通和大项目合作为两大优先方向，开启了中蒙合作关系的新篇章。

中蒙关系的发展也影响着双方的文化交流和文化产业的合作，并决定其发展的进程和特征。

二、中蒙文化交流与产业合作的历史沿革及其特点

新中国成立以来，中蒙双方在文化领域的交流和文化产业方面的合作是中蒙双边关系在文化上的反映，随着双方关系呈现出合作、分歧、全面发展的情况，在文化领域的交流与合作也表现出相应的状态。

（一）中蒙文化交流与产业合作历史沿革

新中国成立以来，中蒙双方在文化领域的交流和文化产业方面的合作，大致经历了曲折发展、发展停滞、友好合作和全面发展四个时期。

1. 曲折发展期（1949~1965年）

这一时期主要分为三个阶段，即早期建交（1949~1954年）、友好发展（1955~1960年）和困境中发展（1961~1965年），每个阶段又呈现出不同的特征。

（1）早期建交阶段（1949~1954年）。

新中国成立初期，蒙古国经济、文化等方面建设取得了一定的成就，经济发展较快，人民生活得到很大改善，乌兰巴托已经具有现代城市的功能。文化建设成就也比较高，全民识字率达到87%，官员大部分接受过高等教育，在某种程度上蒙古国也是我们学习的对象。

1951年10月4日，中蒙双方签订《中蒙经济和文化协定》，从而奠定了双方各方面交往的基石。

1952年8月，蒙古国领导人访问中国并签订了《中华人民共和国—蒙古人

民共和国经济及文化合作协定》,双方同意在经济、文化、教育等方面,建立和巩固合作关系,同时根据协定,双方各具体部门之间分别缔结具体合作协定,双方合作互信基本建立起来,表明两国进入一个合作的新时代。

1953年4月16日,蒙古国艺术团访华,9月,又有两名蒙古国留学生到中国学习,同年11月,蒙古国派28名实习生到中国学习技艺。

1954年,双方进一步互派文化代表团和留学生,中国派1名语文教师到蒙古国教授汉语,派4名学生到蒙古国学习。蒙古国派2名学生到北京大学学习。同年双方签订了《蒙古实习生在中国进行生产技术学习的条件协定》及副本。

(2) 友好发展阶段(1955~1960年)。

随着中蒙在政治上高度互信,经济上密切交流,双边关系进一步发展,中蒙双方积极落实文化合作协定,在教育、科学、卫生、图片展览、电影广播、新闻、艺术、体育等领域开展了广泛的交流。

在教育方面,双方继续互派留学生,1957年,中国派遣3名研究生和10名留学生到蒙古国学习,蒙古国派2名研究生和12名留学生到中国学习。在科学领域,中国科学院和蒙古国科学委员会互相邀请对方科学家参加本国重要科学会议。在展览方面,双方互相展出建设成就及文化特色。在电影广播方面,双方互派代表团访问,共同拍摄以中蒙友谊为题材的纪录片。1955年12月29日,中蒙签订了广播合作协议,双方同意交换有关报道两国经济文化建设等方面的广播材料。

(3) 困境中发展阶段(1961~1965年)。

随着中苏关系的恶化,中蒙关系也出现分歧。面对交往的困境,中国维护与蒙古国的友好关系,在文化交往上继续与蒙古国往来。

2. 发展停滞期(20世纪60年代中期至1989年)

中苏关系恶劣后,中蒙关系陷入冰点。1980年中期,中蒙关系缓和,双方交往逐步重新发展起来。1983年11月,乌兰巴托摔跤队应邀来呼和浩特、北京进行友谊比赛。

3. 友好合作期(20世纪90年代中期至2013年)

中俄积极构筑面向21世纪战略协作伙伴关系后,也使中蒙关系发展进入"快车道"。1994年4月,中国国家领导人应邀访蒙,双方签署了《中蒙友好合作关系条约》,这对长期、稳定地发展两国关系具有重要的政治意义。1998年蒙古国领导人成功访华,两国发表了《中蒙联合声明》。蒙古国认为这是确立两国发展面向21世纪的政治性文件。2003年,中国国家领导人访蒙期间,签署了睦邻互信伙伴关系的联合声明。

随着中蒙双方关系的缓和和发展,中蒙两国文化交流也不断加强。近年来,根据双方签订的文化交流协定、科技合作计划和教育合作计划等，中蒙双方已经开展了各个层次的文化合作交流。中国在乌兰巴托开设孔子学院，并举行汉语桥比赛活动；两国继续互派文艺团体、体育代表团访问、学习；两国继续互派留学生，并相互承认学历学位。自 2002 年以来，内蒙古自治区与蒙古国东方省共同组织发起了每年一次的迎新春联谊活动，揭开了两地合作交流的新篇章。2005 年 11 月 25 日，联合国教科文组织宣布的"人类口头和非物质遗产代表作"中，中蒙联合申报的"蒙古族长调民歌"位列其中。2005 年 11 月，蒙古国总统访华期间，提出中蒙互设文化中心的建议，2010 年，乌兰巴托中国文化中心揭牌。据有关统计，蒙古国汉语人才达到 13000 人，选择汉语作为自己专业的学生超过 8000 人。

2011 年，中蒙战略伙伴关系确定，双方签署了《中华人民共和国教育部与蒙古国教育文化科学部 2011～2016 年教育交流与合作执行计划》，已经逐步扩大规模并形成机制。中国文化中心在乌兰巴托落地、生根、发芽，正成为中蒙两国举办文化活动、开办教学培训、提供信息服务的主要阵地。两国文学界不断加强交流合作，合作范围不断拓宽，除了学术报告会之外，中国作家代表团还与蒙古国作家进行了广泛交流；两国文学界将进一步加强合作，包括加强作家互访、中国文学期刊《民族文学》刊登蒙古国作家的代表作，两国每年对 5～10 本文学作品进行互译等。

4. 全面发展期（2014 年至今）

继 2011 年双边关系提升为战略伙伴关系后，中蒙关系伴随中国国家领导人出访蒙古国再度迎来了历史性升级。2014 年 8 月 21 日，中国国家主席习近平与蒙古国总统额勒贝格道尔吉在乌兰巴托签署联合宣言，宣布将两国关系提升为全面战略伙伴关系。中蒙两国元首签署了名为《中华人民共和国和蒙古国关于建立和发展全面战略伙伴关系的联合宣言》的文件，将经贸合作列为双方应大力发展合作的方向，提出双方将积极利用经贸合作的潜力和机遇，争取两国贸易额逐年扩大，在 2020 年达到 100 亿美元。当天，中蒙两国元首还共同见证了 20 多项合作文件的签署，涉及外交、经贸、过境运输、矿产、基础设施建设、金融、文化等多个领域，涉及文化领域的有《中华人民共和国文化部与蒙古国文化、体育和旅游部 2014～2017 年文化交流执行计划》、《中华人民共和国科学技术部与蒙古国教育和科学部关于推进科技人员交流的协议》、《中国进出口银行与蒙古国经济发展部关于新世纪教育项目贷款协议》等。中蒙两国最新合作动向表明，中蒙经贸关系将加速朝互利共赢、共同发展、共同繁荣的方向前进，形成在多领域合作"策马奔腾"的局面。

2014 年，外交部公布的《中蒙友好交流年纪念活动方案》，仅人文领域活动就有22项。这个方案包括中蒙双边关系文献汇编、中蒙两国互办文化周、举办中蒙儿童文化交流系列活动和中蒙友好交流知识竞赛、在蒙推出中国电视纪录片和电视作品、两国新闻代表团互访、举办蒙古国学生汉语语言文化类系列比赛、举行纪念中蒙建交65周年学术研讨会、在中国举办蒙古学学者圆桌会等诸多内容。

2014年7月2日,为期一周的内蒙古中蒙友好交流系列活动陆续在蒙古国展开,来自中国内蒙古自治区的医疗专家、新闻出版人士、文艺界代表等近百人跋涉上千里,深入蒙古国乌兰巴托市、达尔罕市、后杭盖省等地区,与蒙古国基层群众面对面交流,架起两国友好交流的桥梁。

2015年6月12~14日,共青团鄂尔多斯市委员会、市青年联合会、市互联网信息办公室、鄂尔多斯职业学院、鄂尔多斯青年创业园(新青年)、北京交通大学国际教育交流活动中心联合举办2015"方舟之旅"中蒙青年文化交流活动。此次活动中鄂尔多斯市青年与来自北京交通大学24名蒙古国留学生一起参观了鄂尔多斯市博物馆、图书馆、康巴什新区的城市建设、成吉思汗陵,并共同参与徒步乌兰木伦湖、鄂尔多斯市首届五公里炫彩跑等活动。

2015年9月7日,"2015中国图书在蒙古国巡展活动"在蒙古国首都乌兰巴托拉开帷幕,一大批为蒙古国读者"量身定制"的中国图书展品受到欢迎。本届图书巡展由中国新闻出版广电总局主办,中国教育图书进出口有限公司协办。巡展期间,蒙古国读者可以免费阅读或购买经过精心挑选的800多种、上千册图书,内容涉及历史地理、文化艺术、科技、中国社会发展和汉语学习等各个领域。当天在巡展现场,工作人员向蒙古国读者重点介绍了《世界500强企业谈中国攻略》、《清·孙温绘全本红楼梦》等近年来出版的精品图书。蒙古国一批学习汉语的青少年学生围在图书展位前驻足阅读,充分享受这场难得的"文化盛宴"。

(二)中蒙文化交流与文化产业合作的特征

中蒙双方在文化交流和文化产业合作中凸显出国家之间交往的基本特征:中央主导与地方跟进统一、文化渊源与地缘优势齐聚以及文化交流与经济合作交织。

1. 中央主导与地方跟进统一

毫无疑问,在中蒙关系的发展过程中,中央政府一直处于主导地位,这在双方文化交流方面表现得尤为突出。1951年10月4日,中蒙双方签订的《中蒙经济和文化协定》,开启了中蒙文化交流合作之门。1952年8月,签订《中华人民共和国—蒙古人民共和国经济及文化合作协定》,双方在文化合作方面进一步具体化。1954年,双方签订的《蒙古实习生在中国进行生产技术学习的条件协定》及副本,成为双方第一个有关文化教育的专项协定。1955年12月29日,中蒙签订了广播合作协议,双方同意交换有关报道两国经济文化建设等方面的广播材料,双方在文化广播合作方面开启了新篇章。2011年,中蒙战略伙伴关系确定,双方签署了《中华人民共和国教育部与蒙古国教育文化科学部2011~2016年教育交流与合作执行计划》,已经逐步扩大规模并形成机制。中国文化中心在乌兰巴托落地、生根、发芽,正成为中蒙两国举办文化活动、开办教学培训、提供信息服务等主要阵地。2014年8月21日,中蒙两国元首签署了名为《中华人民共和国和蒙古国关于建立和发展全面战略伙伴关系的联合宣言》的文件,当天,中蒙两国元首还共同见证了20多项合作文件的签署,其中涉及文化领域的有《中华人民共和国文化部与蒙古国文化、体育和旅游部2014~2017年文化交流执行计划》、《中华人民共和国科学技术部与蒙古国教育和科学部关于推进科技人员交流的协议》、《中国进出口银行与蒙古国经济发展部关于新世纪教育项目贷款协议》等。2014年外交部公布的《中蒙友好交流年纪念活动方案》,仅人文领域活动就有22项。这个方案包括中蒙双边关系文献汇编、中蒙两国互办文化周、举办中蒙儿童文化交流系列活动和中蒙友好交流知识竞赛、在蒙推出中国电视纪录片和电视作品、两国新闻代表团互访、举办蒙古国学生汉语语言文化类系列比赛、举行纪念中蒙建交65周年学术研讨会、在中国举办蒙古国学者圆桌会等诸多内容。

在中央主导的同时,地方也积极跟进。自2002年以来,内蒙古自治区与蒙古国东方省共同组织发起了每年一次的迎新春联谊活动,揭开了两地合作交流的新篇章。2005年11月25日,联合国教科文组织宣布的"人类口头和非物质遗产代表作"中,中蒙联合申报的"蒙古族长调民歌"位列其中。2014年7月2日,为期一周的内蒙古中蒙友好交流系列活动陆续在蒙古国展开,来自中国内蒙古自治区的医疗专家、新闻出版人士、文艺界代表等近百人跋涉上千里,深入蒙古国乌兰巴托市、达尔罕市、后杭盖省等地区,与蒙古国基层群众面对面交流,架起两国友好交流的桥梁。2015年6月12~14日,共青团鄂尔多斯市委员会、市青年联合会、市互联网信息办公室、鄂尔多斯职业学院、鄂尔多斯青年创业园(新青年)、北京交通大学国际教育交流活动中心联合举办2015"方舟之旅"中蒙青年文化交流活动。2015年9月"2015中国图书在蒙古国巡展活动"成功举办。中国驻蒙古国大使馆参赞指出,截至目前,有近8000名中国资助和自费到中国留学的蒙古学生。同时每年还有100多万人次的蒙古人到中国各地旅游观光,占蒙古国总人口的1/3,民间交流之火可见一斑。

2. 文化交流与经济合作交织

无论是从中蒙双方政府间合作来看,还是从中蒙双方文化旅游来看,双方的文化交流与经济合作始终交织在一起。

(1) 中蒙双方政府间合作方面。

中蒙双方文化交流历来都不是独立的,而是和经贸交往相联系的。新中国成立以来,我国充分了解和尊重蒙古国人民的文化,加强相互了解和互信,从而促进双方关系更好地发展。1951年10月4日中蒙双方签订的《中蒙经济和文化协定》以及1952年8月签订的《中华人民共和国—蒙古人民共和国经济及文化合作协定》,就是考虑到蒙古国接受的问题,在加强经济合作的同时,强调文化上的互信和合作,进而逐步消除蒙古国方面的文化隔阂,为经济合作发展提供保障。2011年,中蒙双方签署了《中华人民共和国教育部与蒙古国教育文化科学部2011~2016年教育交流与合作执行计划》,2014年8月21日,签署的《中华人民共和国文化部与蒙古国文化、体育和旅游部2014~2017年文化交流执行计划》、《中华人民共和国科学技术部与蒙古国教育和科学部关于推进科技人员交流的协议》、《中国进出口银行与蒙古国经济发展部关于新世纪教育项目贷款协议》等,都体现出文化与经济的交织。

(2) 中蒙双方文化旅游方面。

中蒙文化交流与经济合作始终交织在一起,双方文化旅游业的发展是这一特征的集中体现。旅游业的产业关联度高、产业链条长,是整合资源、统筹各业的集成产业或动力产业,能产生较高的增加值和附加值。蒙古国地域辽阔、人口稀少,许多地区还处于未开发状态,自然风景得以保持原貌,旅游资源比较丰富。蒙古国旅游业体系的最初建立和新近的发展,与日本、韩国、美国、西欧等国家和地区的合作密不可分。蒙古国与日本、韩国相互设立旅游代表处,对促进蒙古国旅游业的发展起到了重要作用。近几年,来蒙古国外国游客数量呈逐年递增的趋势。2000年,共有137374名外国游客来蒙古国旅游,创汇9490万美元,占当年国内生产总值的10%;2001年,蒙古国接待外国游客165899名,全行业产值达1.029亿美元,占当年国内生产总值的10.2%;2002年,蒙古国共接待外国游客192087人,创产值约1.2亿美元,同比增长16%,占当年国内生产总值的比重也进一步上升,达10.9%;2011年,蒙古国接待游客62万人次,旅游收入2.83亿美元;2013年,接待游客41.78万人次,同比下降12.2%。近年来,蒙古国政府积极采取措施,改善接待条件,简化签证手续,加强对外宣传,力争最终形成由农牧业、矿产开发、加工业和旅游业四大支柱产业占主体地位的社会经济形态。中国巨大的旅游消费市场对蒙古国具有强烈的吸引力,应该说,蒙古国对于加强中蒙旅游产业合作抱有极大热情。一项主要以北京、上海、天津、石家庄、二连浩特等城市的居民为对象的调查报告显示,去过蒙古国的中国游客中以工作为目的占46%,学习的占16%,见亲戚与朋友的占14%。可见,文化旅游与经济贸易相互交织。

3. 文化渊源与地缘优势齐聚

中蒙边境线长达4700多千米,是与我国陆地接壤的14个国家中边境线最长的。相邻的地界使中蒙两国边境贸易便利又快捷。在两国漫长的边境线上,双方众多边境口岸城镇的开放为两国经济的进一步合作注入了强大的动力。由于蒙古国是内陆国家,没有出海口,使之与美、日等国家开展经济合作受到限制。目前,西方国家大规模投资蒙古国矿产资源的势头有所减弱,这为中国企业进入蒙古国投资创造了机会。随着中蒙边境交通设施的进一步完善,双边经济的合作将会更加密切。

中国内蒙古自治区与蒙古国之间有着3100多千米的边境线,占中蒙边境线的68%。而中国内蒙古自治区的主体民族与蒙古国的居民同为蒙古族,二者同根同源,语言、文化等方面沟通障碍较少,双方居民自古以来就经常进行串亲访友、买卖交易等各种交流活动。联系非常紧密,这对两国边境经贸往来十分有利。中国以内蒙古自治区为桥梁开展与蒙古国的经济合作具有其他国家没有的优势。

三、中蒙文化交流与产业合作的基础

中蒙两国山水相连、文化相通,两国在文化领域的交流和在文化产业方面的合作有坚实的政治基础、经济基础和人文社会基础。

(一)中蒙文化交流与产业合作的政治基础

1960年中蒙双方签订《中蒙友好互助条约》,1962年签订《边界条约》。20世纪60年代中后期,两国关系经历了曲折。20世纪70年代,两国恢复交往互派大使。

中蒙两国边界线长4710千米。两国于1949年10月16日建立外交关系。中蒙建交以来,两国关系虽经历过一些曲折,但睦邻友好始终是主流。尤其是近20年来,两国关系发展迅速,成果显著。1989年后,两国友好关系与合作在政治、经济、文化、教育、军事等各个领域不断得到巩固和发展。

中蒙两国山水相连、文化相通,以蒙古族为代表的民间往来密切。2014年8月21日,中国国家领导人访问蒙古国,并在蒙古国各大媒体发表《策马奔向中蒙关系更好的明天》署名文章,提出了对中蒙关系的四点愿景,为中蒙两国关系开启了新纪元,将双边关系在原有战略伙伴关系的基础上提升为全面战略伙伴关系。双边关系"秉天时、得地利、应人和",相信在未来双方政治互信将不断加深,经贸务实合作将稳步推进,人文领域交流将持续扩大,双方人民将更加亲近,双边关系将实现从量变到质变的飞跃。近年来中国国家领导人访问蒙古国,为两国的深度合作开辟了一条快速发展之路。

(二) 中蒙文化交流与产业合作的经济基础

中蒙两国建交以来历经风雨,合作关系日益密切。1951年中蒙两国建立贸易关系。1989年两国政府成立了经济、贸易和科技合作委员会。1991年两国政府签订了新的贸易协定,以现汇贸易取代了政府间记账贸易。同年,两国政府签署投资保护协定。

进入21世纪,随着中蒙两国经贸合作的深入开展,蒙古国经济得以迅速恢复,而中国也成为蒙古国最重要的出口国以及进口商品来源国,已经连续15年成为蒙古国第一大贸易伙伴国,双边贸易从2003年的4.4亿美元增长到2013年的60亿美元。据中国统计,2014年上半年中蒙双边进出口总额为28.45亿美元,较2013年上升10.71%。其中,中国出口9.77亿美元,较2013年上升1%,进口18.69亿美元,较2013年上升16.57%。

中蒙两国在经济、贸易等方面具有明显的互补性。蒙古国农牧业多以粗放型为主,而工业产业技术落后,产品深加工能力较低,全国基础设施相对薄弱,产品多以矿产资源及原材料为主,这在一定程度上满足了中国经济发展对矿产资源和原材料及大宗商品的需求,同时中国相对发达的制造业以及农产品加工技术也弥补了蒙古国自给能力不足、进口需求较大的缺陷。蒙古国虽然自然资源丰富,但受到技术、资金方面的限制,使其矿产资源的开发长期处于初级开发阶段,未能实现经济的有效利用,而随着中国对矿产资源的需求以及对外矿产资源开发战略的实施,中国先进的技术以及充足的资金保障,将协助蒙古国资源的开发及采掘业技术的革新,实现双方的优势互补。例如,神华集团在矿山开发和相关技术及联合蒙古国在煤炭专运铁路、口岸基地建设、跨境通道的领先优势等方面,都在积极地为两国矿能合作发挥着主导作用,为两国经贸深度合作贡献力量。在多方贸易方面,中国铝业公司也在积极地发挥中国大企业的作用,开展多项有色金属和矿产合作。这些企业的进入代表了中国国有企业在国际上的良好品牌和风范,推进了重点项目的合作发展,受到两国政府的高度评价和企业广泛赞誉。蒙古国地处内陆国家,其资源出口严重受到运输条件及成本的限制,矿产品的销售市场在我国西部地区具有一定的优势,在基础设施完善的条件下,蒙古国资源出口至我国西部地区,有利于我国西部地区制造业的发展,有利于我国西部大开发战略的实施,同时为我国西部地区经济发展提供资源保障。

中蒙关系在新形势下历久弥新,对彼此都具有极其重要的价值,坚信两国通过共同努力将会开启"互市"新时代,为此双方在今后都需要通过政策制定、资源统筹、科学规划解决横亘在二者之间的问题,以期积极促进中蒙经贸合作的良性发展。

(三) 中蒙文化交流与产业合作的人文基础

中蒙两国于1951年起建立文化联系。近年来,根据中蒙两国政府文化交流计划,两国开展了多渠道、多层次、多形式的文化交流与合作。1994年双方签署《中蒙文化合作协定》。1997年,中国文化部长率中国政府文化代表团访蒙,这是中蒙建交以来中国文化部长对蒙古国进行的首次访问。1998年,蒙古国政府代表团访华,双方签署《中蒙1998~2000年文化交流执行计划》。2001年4月,双方签署两国政府《2001~2003年文化交流合作执行计划》。2004年4月,中国政府代表团参加了首次在蒙古国举办的"中国文化周"活动。2005年4月,"蒙古文化周"活动在中国举行。2008年5月,蒙古国立大学孔子学院揭牌。2010年6月,乌兰巴托中国文化中心揭牌。2012年,中蒙相互举办"文化月"活动。2014年8月,中国文化周在蒙古国举办,双方还签署了《中蒙2014~2017年文化交流执行计划》。

1987年,中蒙双方签署了两国政府《1987~1988年度科技合作计划》。1989年,蒙古国政府科技合作代表团访华。此后,双方定期举行科技合作会议和签订年度科技合作计划。1999年,中国科学院代表团访蒙。2007年7月,中国政府科技代表团访蒙并出席"中蒙技术转移中心"成立揭牌仪式。2014年8月,中蒙双方签署《中蒙关于推进科技人员交流的协议》和《中蒙关于共建中蒙生物高分子应用联合实验室的谅解备忘录》。2012年5月,中国卫生代表团访问蒙古国,与蒙古国卫生部签署两国卫生部卫生合作2012~2016年年度执行计划。

中蒙两国教育交流始于1952年,多年来,两国在教育领域的交流与合作发展顺利。1996年,中蒙双方签署《中蒙1996~2000年教育交流与合作计划》。1998年,中蒙签署《中华人民共和国政府和蒙古国政府相互承认学位学历的协定》。2000年,中蒙签署《利用中国无偿援助款项培养蒙古留学生项目执行计划》。2005年,中蒙签署《中华人民共和国教育部与蒙古国教育文化科学部2005~2010年教育交流与合作计划》。2008年,中蒙签署《关于组织国际汉语教师中国志愿者赴蒙古国任教的协议书》。2010年,中蒙签署《中蒙相互承认学历、学位证书的协定修订备忘录》。2011年,中蒙签署《中华人民共和国教育部与蒙古国教育文化科学部2011~2016年教育交流与合作执行计划》。2013年3

月，中国教育部部长会见了来访的蒙古国教育科学部部长一行，双方就进一步加强中蒙教育交流与合作交换了意见。2013年5月，中国教育展在蒙古国举行。

四、中蒙文化交流与产业合作的制约因素

中蒙两国文化交流与产业合作在具有一定政治、经济和社会基础的同时，由于历史的和现实的因素，也存在一定的制约因素。

（一）政治上的制约因素

由于蒙古国部分人民对华戒心根深蒂固以及大国之间的博弈，中蒙两国文化交流与产业合作在政治上仍然存在一定的制约因素。

因此，相互信任是发展友好关系的基础。同时，我们也应该充分利用内蒙古自治区蒙古族在语言和文化上的良好交往条件，积极促进与蒙古国在政治、经济、文化和科技等诸多方面的交流与合作。

大国关系的博弈是重要外因。大国关系在蒙古国的博弈主要表现在蒙古国的外交政策的变化以及由此表现出的对于中蒙双方文化交流的阻力。

（二）经济上的制约因素

由于蒙古国经济发展现状以及双方经济结构性差异等因素，中蒙双方在文化交流和文化产业合作中存在一定的阻力。

蒙古国方面存在的问题。20世纪90年代以后，蒙古国实行私有化改革，并于1997年1月加入世界贸易组织。经过20多年的"阵痛"，蒙古国经济开始复苏并呈现较快增长态势。从投资环境的吸引力角度，蒙古国具有矿产资源丰富、经济增长前景良好以及市场化程度较高的竞争优势。世界经济论坛《2010～2011年全球竞争力报告》显示，蒙古国在全球最具竞争力的139个国家和地区中，排第99位，比2009～2010年度上升了18位。2005～2008年，蒙古国经济保持持续稳定增长。受全球金融危机和矿产品价格大幅下跌影响，2009年蒙古国经济呈现负增长。2010年，在国际市场矿产品价格不断升温的影响下，蒙古国经济快速复苏，实现国内生产总值（GDP）增长6.1%。随着全球金融危机影响的逐渐减弱，全球矿业走出低谷，国际市场矿产品价格在高位运行，蒙古国"矿业兴国"战略渐现成果，同时拉动了相关产业和基础设施建设发展，2011年蒙古国GDP同比增长17.3%，蒙古国经济出现了前所未有的迅猛发展势头。2011年，

蒙古国对外贸易总额首次超过 100 亿美元，达到 114.2 亿美元。2011 年，蒙古国国内批零销售总额 30832 亿蒙古图格里克（约合 23.36 亿美元），其中批发额 20521 亿蒙古图格里克，零售额 10311 亿蒙古图格里克，同比分别增长 44.4% 和 58.5%。

蒙古国经济发展取得了巨大成绩，但是存在的问题依然突出。首先，蒙古国基础设施不完善、劳动力缺乏，给中国投资者增加了投资的难度和风险。在蒙古国许多地方尚未形成完善的水、电、路系统，需要大量的前期配套投入。这使许多中国投资者因投入资金过大但效益不明显而放弃在蒙古国的投资。蒙古国国土面积约 150 万平方千米，而人口不足 300 万，人口密度平均仅为每平方千米 1.6 人。这使许多在此投资的企业劳动力短缺，生产进度缓慢。其次，蒙古国法律环境不清晰，政策多变，许多法规在当地没有得到贯彻和落实。

中国方面存在的问题。第一，部分中国企业缺乏长远的战略眼光，因惧怕风险而错过了商机。一些中国企业因对蒙古国经济环境缺乏深刻认识，在前期准备上不舍得投入，害怕风险而采取观望拖延的态度以致于错失了最佳投资机会。更有企业认为蒙古国投资环境过差，投资大而见效慢，于是干脆放弃了对蒙古国的投资。第二，中国某些实力不足、缺乏国际合作能力的企业在蒙古国无序竞争，在某种程度上对两国经济合作产生了消极影响。例如，中蒙两国在羊绒领域的不平等竞争问题是蒙古国最担心的问题。几年前，一些中国商人在蒙古国以偏高的价格大量收购羊绒，使蒙古国国内羊绒加工相关企业陷入困境。这些企业在蒙古国的不良行为也成为中蒙经济合作的障碍。

其他方面因素。目前中蒙经济合作存在明显的结构性差距。在投资方面，虽然中国已经连续九年成为蒙古国第一大投资国，但是中国的投资主要集中在餐饮业、零售业、农产品加工业等方面，而且大部分公司规模小，技术水平低。相比之下，俄罗斯的对蒙投资项目几乎全是影响蒙古国未来经济发展的矿业和基础设施建设等项目。

（三）文化上的制约因素

历史上的因素以及由于跨文化交流而导致的文化交流障碍，使得双方在文化交流上存在一定的制约因素。

历史上的因素。中国和蒙古国双边关系全面发展时，出现过一些违背两国关系正常发展的事件，对两国人民的友好感情造成负面影响。这需要对中蒙之间的历史特殊性进行坦率分析，这样才能消除合作过程中的疑虑，开启全面合作的通畅道路。

跨文化交流的因素。在跨文化交际中，由于文化障碍而导致的信息误解，甚至伤害对方的现象屡见不鲜。有时善意的言谈会使对方尴尬无比,礼貌的举止会被误解为荒诞粗俗。因此,研究文化差异、研究正确的跨文化交际行为已成为不可忽视的问题。蒙古国与中国相邻,尽管在生活习惯和习俗上有相当一部分相互影响和渗透,但是,其中也有许多不可逾越的文化障碍,在许多方面对相互交流造成了无法消除的影响。

中国拥有世界上最多的蒙古族人口并继承保留了蒙古民族的许多传统。就人种发展来看,保留民族基因和文化传统的唯一途径是开放发展,传承民族历史和文明的最可靠途径是扩大人口,而落后保守和排斥异族必然导致自身的衰亡。

第四章

中蒙文化交流与文化产业合作的效应分析

2014年8月21日，习近平主席在访蒙期间的演讲中指出，"国之交在于民相亲，民相亲在于心相通"，突出了人文交流在两国关系发展中的特殊作用，特别是对于拥有曲折历史渊源的中蒙两国，文化交流与产业合作，对于两国关系深入发展起到特殊的作用。然而，由于历史的原因，在中蒙两国建交的历程中，中蒙间的文化交流与合作同中蒙两国的经贸合作一样，经历了"蜜月期、冷冻期、解冻期、活跃期"，终于迎来了两国合作的高峰期。特别是在当前，中蒙两国关系上升到全面战略合作关系的新时期，中蒙两国文化交流与合作不仅为两国文化产业的发展壮大奠定了基础，并且将对消除中蒙两国的"隔阂"，促进经贸关系的深入发展发挥独特的作用。因此，本章基于中蒙间的"地缘、族缘、亲缘、文缘及商缘"五缘关系，从政治互信、产业集聚、资源共享、资本积累、创新创意五个方面，对中蒙文化交流与产业合作的效应进行分析。

一、政治互信与民心相通效应

中蒙关系发展包括经贸发展、政治关系理顺、人文交流等多方面。经贸发展是中蒙关系发展的重要方面，但经贸关系的发展离不开融洽的政治关系，更离不开能消除两国隔阂的人文交流，特别是在中蒙两国政治关系不断提升的今天，应不断加强两国文化交流与合作，这对巩固两国关系的民意基础、推动中蒙"全面战略伙伴关系"进一步向前发展具有重要意义。

(一) 中蒙两国具有明显的"五缘"关系特征

中蒙两国山水相连、人文相亲、口岸相通,地缘优势与经济互补性促进了中蒙两国关系的发展,其发展体现出明显的"五缘"特征。

(1) 中蒙两国的"地缘"关系。中蒙两国边境毗邻,拥有4676千米的边境线,14个对接口岸,其中与内蒙古自治区对接的开放口岸有10个。二连浩特作为对蒙最大的铁路、公路口岸,通过与蒙古国扎门乌德口岸对接,使集二线与蒙古国纵横南北的中央铁路相连接,将蒙古国与中国内地贯通。借助于边境毗邻的地缘优势,以二连浩特和扎门乌德口岸对接为平台,中蒙跨境经济合作区的建设正在逐步推进。

(2) 中蒙两国的"族缘"关系。中蒙两国境内的蒙古族同根同源。据资料显示,蒙古族现有1000万左右人口,散居在世界三大洲的12个国家和地区,其中中国内蒙古自治区和蒙古国是两个主要集聚地:在内蒙古自治区有436万人口(占全部的43.6%),蒙古国有245万人口(占全部的24.5%)。两地的蒙古族曾共同生活在我国北部一望无际的大草原上,他们同为成吉思汗的子孙,有着共同的民族语言、共同的民族文化及共同的风俗习惯,这是两地合作的基础,是任何其他地区所不具备的优势。因此,中蒙两国具有"族缘"关系特征。

(3) 中蒙两国的"亲缘"关系。基于中蒙两国的历史渊源,中蒙两国不仅同一民族跨界而居,并且中蒙两国蒙古族同根同源,具有独特的"亲缘"关系。因此,在2014年8月21~22日习近平主席对蒙古国进行的国事访问被称为"走亲戚"式的访问。

(4) 中蒙两国的"商缘"关系。蒙古国能源资源丰富,但加工能力较低;中国轻工产品、建筑材料、机电产品、果蔬等丰富,但能源资源相对欠缺,中蒙两国经济互补性促进了跨界民族的商贸活动,1998年以来,中国成为蒙古国第一大投资伙伴和贸易伙伴,体现出中蒙两国良好的"商缘"关系。

(5) 中蒙两国的"文缘"关系。中国内蒙古自治区与蒙古国分别是蒙古族集聚地,有着共同的历史渊源,特别是两地相通的语言文字,成为其他国家和地区不可比拟的优势。在共同发展的历史上,两地的蒙古族曾共同缔造了草原历史及草原文化,特别是独具特色的蒙古长调、呼麦、马头琴、蒙古族服饰等都是中蒙两国共有的文化资源,是中蒙两国进行文化交流与合作的基础。

中蒙两国间的"五缘"关系,对中蒙关系的发展发挥着重要作用,特别是在国际关系日趋错综复杂的今天,"文缘"关系的作用特别突出,利用中蒙间固有的"文化渊源",消除其对中国的疑虑,加深相互了解,对增强中蒙两国的政治互信将具有重要的作用。

（二）中蒙文化交流与文化产业合作有利于促进两国政治互信与民心相通

中蒙两国建立文化联系始于1952年10月两国政府签署《中华人民共和国与蒙古人民共和国经济及文化合作协定》，但迅速发展是在20世纪90年代。伴随着蒙古国转轨，蒙古国逐渐摆脱了苏联对其的控制，在"多支点、不结盟、第三邻国"的外交政策框架下，不断加强了与中国在各方面的联系，而文化交流就是两国关系发展的重要方面。

自中蒙两国关系正常化以来，两国政府非常重视文化交流，通过签署文化协议、搭建文化交流的平台、建立文化交流的项目，为中蒙两国关系的全面提升奠定了基础。

首先，签署文化协议。1994年中蒙双方签署《中蒙文化合作协定》，1997年中国政府文化代表团访蒙，这是中蒙建交以来中国文化部长对蒙古国进行的首次访问。1998年，蒙古国教育部长率政府代表团访华，双方签署《中蒙1998～2000年文化交流执行计划》。此后，中蒙两国政府每三年签署一次未来三年的两国文化交流执行计划，使中蒙两国文化交流进入常态化发展。特别是近年来，根据中蒙两国政府文化交流计划，两国开展了多渠道、多层次、多形式的文化交流与合作，对加强两国政治互信、促进两国民心相通发挥了重要的作用。2014年8月，习近平主席访蒙期间两国签署协议达26项，其中包括《中华人民共和国文化部与蒙古国文化、体育和旅游部2014～2017年文化交流执行计划》，使中蒙文化交流活动进入了新的历史时期。

伴随着这些协定的签署，一是使中蒙地区间的文化交流活动更加热络。2008年内蒙古自治区东乌珠穆沁旗与蒙古国东方、肯特、苏赫巴托三省签订文化领域合作意向书，双方同意选派文艺、体育、博物馆工作等方面的专家进行业务交流指导，开展两地各类文化展览、展销活动，合作举办文艺演出、文体比赛，召开民俗、历史、文化学术研讨会等一系列合作内容。2010年5月2日，蒙古国首次在内蒙古自治区呼和浩特举办文化周活动，文化周期间展现了蒙古国世界级的经典艺术作品和蒙古民族原生态文化。2014年2月19日二连浩特市举办中蒙两国文化艺术交流晚会。2015年8月26日至9月1日期间，内蒙古自治区举办蒙古国·中国内蒙古系列文化交流活动，内容包括文艺晚会、今日内蒙古、图书、书法、电影、电视、蒙医义诊等多项交流活动，加深了彼此了解，促进了中蒙两国间文化交流与发展。二是中蒙教育交流与合作日益加强。中蒙文化教育交流始于1952年，多年来，两国在教育领域的交流与合作发展顺利。1996年双方签署《1996～2000年教育交流与合作计划》。1998年中蒙两国签署《中华人民共和国政府和蒙古国政府相互承认学位学历的协定》；2000年双方签署《利用中国无偿援助款项培养蒙古国留学生项目执行计划》;2005年签署《中华人民共和国教育部与蒙古国教育文化科学部2005~2010年教育与合作计划》;2008年签署《关于组织国际汉语教师中国志愿者赴蒙古国任教的协议》;2010年双方签署《中蒙相互承认学历、学位证书的协定修订备忘录》;2011年,中蒙战略伙伴关系确定,双方签署了《中华人民共和国教育部与蒙古国教育文化科学部2011~2016年教育交流与合作执行计划》,已经逐步扩大规模并形成机制。截至2014年底,每年有近8000名中国资助和自费的蒙古国学生到中国留学。另外,每年还有100多万人次的蒙古人到中国各地旅游观光,占蒙古国总人口的1/3。三是中蒙科技交流与合作更加紧密。1987年中蒙两国恢复科技交流,签订《1987~1988年度科技合作计划》,此后双方定期举行科技会议和签订科技合作计划;自1989年蒙古国政府科技合作代表团访华以来,双方科技互访进入了高峰期。2007年7月"中蒙技术转移中心"成立,成为中蒙技术合作的新平台。2014年8月签署《中华人民共和国科学技术部与蒙古国教育和科学部关于推进科技人员交流的协议》。

其次,搭建文化交流的平台。中蒙两国还通过互办文化周、文化月活动,举办文化交流年及建立中蒙文化中心,为中蒙两国间搭建了各种文化交流平台。2004年4月首届"中国文化周"在蒙古国乌兰巴托市举办。2005年4月,首届"蒙古国文化周"在北京举办。之后,两国不定期开展"文化周"活动,以2014年8月22~30日"中国文化周"在蒙古国举办为例,其活动内容丰富,包括"丝路拾珍——中国敦煌文化艺术展"、北京—乌兰巴托中国茶文化艺术展以及"吉风吉韵送吉祥"文艺演出三场活动,通过"文化周"活动的举办,赏吉林歌舞、品茶道茶艺、观敦煌艺术,从历史到现代、从静态到动态,蒙古国人民在中国文化周期间全方位体验了中国文化的魅力,对蒙古国全方位了解中国文化具有重要的意义。2012年两国又开展了"文化月"活动。互办"文化周"、"文化月",通过文艺演出、综合展览、论坛交流、电影展播等各种形式,帮助蒙古国民众更加全面、深入地了解中国在经济、文教、体育、卫生等各个领域取得的巨大成就,为进一步深化中蒙战略伙伴关系、加深两国政府尤其是人民之间的相互了解与信任做出了积极贡献。两国还提出互设文化中心,2011年,乌兰巴托中国文化中心正式启用,成为蒙古国民众了解中国的一个重要窗口。

为庆祝中蒙建交65周年,2014年被确立为中蒙友好交流年。自此,中国和蒙古国文化交流合作日益热络,形式丰富多样,成果不断显现,国际社会关注度大大提高。2014年外交部公布的《中蒙友好交流年纪念活动方案》,仅人文领域活动就有22项。此方案包括中蒙双边关系文献汇编、中蒙两国互办文化周、举办中蒙儿童文化交流系列活动和中蒙友好交流知识竞赛、在蒙推出中国电视纪录片和电视作品、两国新闻代表团互访、举办蒙古国学生汉语语言文化类系列比赛、举行纪念中蒙建交65周年学术研讨会、在华举办蒙古学学者圆桌会等诸多内容。形式多样的文化交流活动加深了彼此的了解与信任，为推进两国关系发展奠定了基础。

最后，中蒙两国积极建立文化合作项目。中蒙两国在联合申遗、文化资源保护等方面做了很多努力。2005年11月，中国内蒙古自治区与蒙古国联合申报的蒙古族长调民歌被联合国教科文组织宣布列入"人类非物质文化遗产代表作名录"，是我国第一个与其他国家联合申报成功的项目，具有开创性、标志性意义。之后，中蒙两国成立了蒙古族长调民歌联合保护协调指导委员会和专家工作组，对蒙古族长调民歌启动了实质性的联合保护行动，并制定了详细的《中蒙联合开展长调民歌田野调查大纲》，通过田野调查，形成160多小时视频、110多小时音频和2万多张照片资料，为长调民歌的下一步保护搜集了大量珍贵的第一手资料。

2007年，由中国山东大学与蒙古国立大学合建的蒙古国立孔子学院是蒙古国唯一的孔子学院，建院以来，该学院致力于汉语教学、汉语研究、汉语应用，已逐渐成为当地汉语普及的重要平台。除此之外，蒙古国立大学的汉学家还翻译、出版了大量的中文典籍，为蒙古国全面了解中国文化做出了重要贡献。

综上所述，中蒙两国具有发展文化产业合作的良好基础。加强中蒙两国的文化交流，不仅使中蒙两国共有的文化资源发扬光大，而且建立在此基础上的文化产业合作与文化贸易发展，也将成为未来中蒙两国关系发展的重要方面。

第一，文化交流能增加互信。从中蒙两国关系的发展的轨迹来看，中蒙文化交流与政治互信是相互影响与相互促进的过程。20世纪50年代，是中蒙关系正常化时期，中蒙两国建立了文化联系，签署了有关文化合作协议；20世纪60～80年代，受中苏关系恶化的影响，中蒙关系呈恶化趋势，中蒙文化交流与合作也完全中断；20世纪90年代，中蒙关系恢复与发展，促进了中蒙文化交流与合作的迅速发展。同时丰富多彩的中蒙文化交流项目的实施及各种文化交流平台的搭建，为中蒙两国全面深入了解提供了机遇。通过文化交流及各种项目的实施，增强了双方的相互认同感，使中蒙双方更容易理解与沟通，为促进两国关系的发展奠定了基础。

第二，文化交流使民心相通。文化是需要交流的，交流的方式既可以由政府推进，通过政府的力量、政策的支持，进行正式交流，也可以通过民间自发地交流。对中蒙而言，由于两国具有"五缘"特性，其民间交往反而能产生非常好的效应。国家间的交往更像是一种政治任务，而民间交往是基于中蒙两国共有的文化资源、民族特性等，探究能引起共鸣的东西，这样的交流更能深入人的内心。

总之，经贸发展固然是中蒙关系发展的重要方面，但经贸关系顺利发展也离不开融洽的政治关系及能深入人内心世界的文化交流，因此通过文化交流能使中蒙双方增加互信、民心相通。

二、产业集聚与产业集群效应

文化是无形的知识，通过文化交流不仅能起到加深两国了解、增进两国互信作用，还可以依托自身的文化资源，发展文化产业，产生经济效应。

（一）文化产业的经济学属性

文化产业是指从事文化产品生产和提供文化服务的经营性行业，是文化和经济相互渗透而形成的一种新兴产业，其经营过程需要面向市场、依法经营、自我投入、自我积累、自我发展，其发展完全符合经济学发展的普遍规律，具备完全的经济学属性。

文化资源的稀缺性。经济学是研究稀缺资源的最优配置问题，文化产业发展所需要的文化资源是稀缺的并且有时是世界独一无二的，如古董、字画、物质和非物质文化遗产、遗址等，要想发挥其真正的效应，需要通过市场竞争。中蒙两国，特别是内蒙古自治区与蒙古国之间，有许多独有的物质和非物质文化遗产，如蒙古长调、呼麦、民间舞蹈、民族乐器、马头琴等，如何发挥其真正的经济效应，唯有站在经济学视角来对其进行开发和利用，才能凸显其真正的经济价值。

价值理论的适用性。价值是一切经济行为的出发点和动机，而价值观念又渗透到了文化领域的各个层面。经济学中的价值理论分为使用价值和交换价值，使用价值是为满足人类需要的能力，而交换价值是指为获得一单位的某种商品而甘愿放弃的其他商品或服务的数量。对于文化产业同样具备价值特征。例如，对于历史学家来说，成吉思汗陵是了解蒙古族历史文化、蒙古族祭奠以及蒙古族民俗的重要遗址；对于当地政府来说，成吉思汗陵在发展旅游业、提高旅游收益方面发挥着重要的作用；对于经营者来说，他们要以成吉思汗陵为基础，深度挖掘其内涵，进行市场化的运作，在各种经济和非经济约束下实现其价值最大化。

消费者行为理论。文化产品的消费与非文化产品的消费一样的是，为了获得文化产品的消费而要放弃的其他消费物品数量，并且可以建立起文化商品的需求函数。但与非文化产品不同，文化产品更多表现为一种奢侈品，受收入水平的影响非常大，如看一场电影或价格不菲的音乐会等，不仅需要有欣赏能力，更需要有经济能力，一般消费者很难接受。因此，为增加消费，为了促进文化产业的发展，文化产品应发展成为必需品，而非奢侈品，使文化产品更加平民化，而非贵族化，才能真正托起整个行业的发展。

消费者效用理论。效用理论是现代经济学消费者行为理论的基石，其内涵表明伴随着商品消费行为而产生的满足感。对于文化产品的消费，能够满足精神上的愉悦。例如，看一场电影，能够在精神上得到一种极大的满足感；游览文化古迹，能够了解历史、增加文化修养、提高自身内涵等。虽然这些看起来是无形的东西，但对人所产生的效用是显而易见的，提高了人的文化修养或者是一种精神上的愉悦等。

规模经济效应。规模经济效应是在产出的一定范围内，随着产出规模的不断扩大，平均成本下降，包括内部规模经济和外部规模经济。内部规模经济是随着企业自身生产规模的扩大，平均成本下降；外部规模经济是行业规模的扩大。文化产业具备完全的规模经济效应，是一个巨大的产业群。例如，有些文化产业是建立在大规模复制技术基础之上的，这类文化产业具有典型的内部规模经济的特征；有些文化产业集聚在某一个固定场所，如文化产业园区的建立、影视拍摄基地的建设都是通过产业集聚形成外部规模经济效益。

显著外部性特征。经济学中外部性是指一种经济行为对他人产生的影响，包括正的外部性和负的外部性，文化产业也具备显著外部性的特征。例如，文化旅游资源的开发，会给周边的居民和企业创造更多的就业机会、收入机会和其他经济机会，但也会导致对文化资源的过度开发、环境污染、文化资源破坏等负的外部性等，这与非文化产品所产生的外部性是一样的。

总之，文化产业作为一种智力型的产业，具有高知性、高附加值、无污染性的特征，其发展既遵循一般经济学的发展规律，又具有自身独特的特性，其发展具有产业集聚及产业集群的经济效应。

（二）中蒙文化交流与文化产业合作有利于发挥产业集聚与产业集群效应

产业集聚是指同一性质的产业或具有相关性质的产业在某一个特定的区域内高度汇聚在一起，产业的资本要素在这个特定的空间区域内不断组合的过程。产业集群是一组地理上靠近的相互联系的公司和关联机构，它们同处在一个特定的产业领域，是由于具有共性或互补性而紧密联系在一起的空间聚体。从产业集聚与产业集群的内涵可以看出，产业集聚及产业集群都强调产业集中在某一区域，其突出特点体现为一个"聚"字，其发展效应表现为空间"聚集"、行业"聚合"、产业"聚焦"和平台"聚变"效应等。

中蒙间具有"地缘、族缘、亲缘、文缘及商缘"五缘关系，基于五缘基础上文化产业合作将产生良好的产业集聚效应,而文化创意园区建设将是中蒙两国文化产业集聚的一个良好的平台。

内蒙古自治区呼伦贝尔与俄蒙毗邻,海拉尔、赤塔及乔巴山构成了中俄蒙金三角。依托此地缘优势,2014年9月7日总投资10亿元的内蒙古自治区重点文化产业项目——中俄蒙文化创意产业园在呼伦贝尔市正式开园,2015年全面建成。中俄蒙文化创意产业园是一座集文化创意产业集聚、旅游集散、绿色食品展销、演艺会展等于一体的综合性文化产业发展基地,总建筑面积26.9万平方米,力图打造成中国东北地区规模最大、功能最全的大型文化创意产业集聚区。一方面主动承接沿海及内地发达地区文化产业"走出去"的需求;另一方面将呼伦贝尔本土民族文化资源转化为文化产品。化分散为集约、化弱小为规模、化民俗为产业、化民间为专业,迅速形成产业高起点、产品高质量、人才高端化、产品高附加值的文化产业集群、高端旅游项目和有市场竞争力的拳头产品,使其成为中蒙文化交流与产业合作的新平台。以中俄蒙文化产业园区的建立为例,对文化产业集聚及产业集群所产生的"聚集、聚焦、聚合、聚变"效应进行分析具有典型性。

聚集效应。中俄蒙创意文化园区是中蒙文化产业空间聚集的重要平台,在该园区中除可以进行画展、文艺表演活动之外,还包括国际旅游落地签证中心、中俄蒙冰雪乐园、大学生创意中心、动漫影城拍摄基地、非物质文化遗产展演基地、民族音乐演艺会展中心等项目,体现了利用民族文化演艺会展中心打造演艺广场的特性,演出融合中俄蒙三国文化精髓,异域风情浓厚,以精品旅游剧目为主,提升地区文化品位,使文化园区成为中蒙两国的文化特色项目的聚集地。

聚焦效应。呼伦贝尔市利用自身的地缘优势,将中、俄、蒙三国富有民族特性的文化产业引进文化产业园区,使三国产业不仅能显示其特性,而且还能使蛰伏于各国民间的文化艺术聚焦到这个平台上来,实现优劣互补,进行有机融合,不仅为中俄蒙文化创意园区积聚了文气、人气,引来了商气,也为中蒙文化产业创建了有机合作的平台。

聚合效应。文化产业园区集聚着一大批相互关联的文化产业,形成了一个庞大的文化产业群。在这个文化产业群里聚拢了大量的文化创意人才,形成包括"产学研"相结合的文化产业综合体,其相互合作将产生"1 + 1 > 2"的协同效应、聚合效应,这是任何一个产业群所必然达到的一种效应。

聚变效应。冯根尧(2014)在《文创园区如何寻求聚变效应》一文中,认为园区经济的指数增长效应、区域经济的协同增长效应、城市功能的优化效应、文化环境的重塑效应是创意园区能够带来的四种聚变效应。就中蒙文化交流与产业合作而言,其聚变效应体现在:

一是文化搭台、经贸唱戏。中俄蒙文化创意园区的建立，为中蒙文化交流与产业合作搭建了新的平台。该平台的建立不仅是文化产业的聚集平台，更是绿色产品展销的平台。因此，随着中蒙两国文化交流的不断深入与扩大，将大大促进两国经贸活动的开展，体现出文化交流与经贸发展齐头并进的局面。

二是文缘相承、商缘相继。中蒙两国边境毗邻，同一民族跨界而居，为中蒙两国边民的商贸、旅游活动等奠定了基础。而在当前，在中蒙两国关系全面提升的背景下，中俄蒙文化创意园区的建立，不仅为中蒙两国在共享文化资源、共同传承历史文化方面提供了平台，而且也为深化中蒙两国经贸关系发展提供了机遇，体现了人文交流与经贸发展共同繁荣的局面。

三是经文互搭、政文交融。在当今的国际关系发展中，文化因素已不是一个可有可无的因素，而是已经提升到与经济发展、政治往来同等重要的地位，特别是中蒙两国历史纠葛较多、历史渊源较深，文化交流与产业合作将发挥特殊的作用。因此，借助于中俄蒙文化创意园区建设，在文化交流中挖掘其商业的价值，在政治外交中凸显文化的作用，形成中蒙之间经济与文化相互促进、政治与文化相互融合的发展局面。

三、资源共享与知识外溢效应

中蒙两国边境毗邻、文化相通、蒙古族跨界而居，使中蒙两国文化资源具有许多相似之处。这不仅能使中蒙两国共享文化资源，而且在一定程度上为中蒙双方的文化产业合作奠定了物质基础。

（一）文化资源共享

中蒙两国拥有独特而丰富的文化资源，包括历史文化资源、传统文化艺术、历史古迹、传统故事等发展文化产业的基础资源。

草原文化资源。中国内蒙古自治区与蒙古国是草原文化的主要发祥地和承载地。草原文化作为中华文化三大渊源之一，是世界文明的重要组成部分，以其悠久的历史、独特的自然风光不仅吸引了世界各地的旅游者旅游观光，也成为影视、文学创作不竭的资源，《东归英雄传》、《一代天骄成吉思汗》、《天上草原》等系列影片的拍摄与放映，在全国掀起了一场"草原风"，其中《一代天骄成吉思汗》还获得了费城国际电影节金奖，使内蒙古自治区电影登上了国际奖项的舞台。草原文化内涵丰富，具有深度挖掘的价值。特别是当前，在我国"一带一路"战略和"中俄蒙经济走廊"构建背景下,中蒙两国面临的主要任务是把草原文化资源优势转化成草原文化产业发展的优势,让草原文化品牌彰显出草原文化发展的魅力。

传统文化艺术。文化源于历史,艺术来源于生活。蒙古族这个骑在马背上的少数民族,在人类历史的长河中,以其独特的生活方式及思维方式,创造了灿烂的文明,为人类社会留下了宝贵的精神财富。

民族音乐。蒙古族能歌善舞,音乐和舞蹈是蒙古族民间艺术的主要内容。蒙古长调是蒙古族广为流传的民间歌曲,男女歌手均可演唱,由马头琴或其他民族乐器伴奏。长调的唱法独特,没有系统、科学的教授方法,具有民间传唱、歌手自然发挥的特点。长调旋律悠扬、节奏缓慢、内容以赞美自然风光和歌颂爱情为主,适合在草原上传唱。呼麦是蒙古民族独特的民歌演唱方法。通常由男女歌手表演,通过喉部发音的技巧,一人可以演唱出洪亮的低音声部,同时巧妙调节口腔共鸣。其歌声充满深情,表现高山、瀑布、流水等各种自然界的声音,高低音部相得益彰、浑然天成。另外,潮尔道、古如歌、爬山调及四胡音乐等也极具地区特色,蒙古族长调艺术已被联合国教科文组织评为"人类口头和非物质遗产代表作"。

民族舞蹈。蒙古舞蹈以人体的上身,特别是肩、胸、腰、臂的动作为主,多为单人表演,伴奏简单,如安代舞、筷子舞、盅碗舞、盘子舞等享誉国内外。

民族乐器。马头琴是蒙古族最主要的民族乐器,音调哀婉低沉,如泣如诉,多为独奏,也可以伴奏,还可以自拉自唱,是蒙古人最喜爱、最普及的民族乐器。

蒙古族服饰。蒙古袍、蒙古帽、蒙古靴以及各种佩戴首饰,是几千年来蒙古民族创下的优秀的文化遗产。在这个工业文明急速发展的时期,一些日渐消失的民族工艺急需发扬光大,这为传统民族工艺再现生机创造了条件。

蒙古族传统工艺。马奶酒、马鞍、擀毡制作;熬奶茶、搭建蒙古包、制作手把肉等极具民族特色的工艺,有很大的发展潜力。特别是在工业化时期,这些传统的手工艺弥足珍贵,需要传承,也需要创新与发展。另外,蒙古族的马戏表演、杂技表演及搏克等都是极具地域特色的民族传统艺术,具有开发的价值,也成为未来中蒙文化产业发展基础。

文化旅游资源。中蒙两国毗邻地区地域广阔,不仅有原生态的草原旅游、沙漠旅游、民俗旅游、边境旅游,还有依托历史故事、自然资源研发出的文化旅游项目,如昭君文化节、阿拉善盟的国际胡杨节、通辽的赛马节、呼伦贝尔的冰雪节以及鄂尔多斯的国际文化节,更有赤峰及阿拉善的自然资源与现代工艺完美结合的赏石文化旅游。赤峰市的巴林石年贸易额达3亿元,阿拉善奇石年贸易额达

1亿元，建立起了全国最大的奇石文化旅游城。

历史古迹。目前在中国内蒙古自治区与蒙古国已发现多项不可移动文物，如内蒙古自治区就有2万余处。有些文化遗产堪称全国或亚洲之最，如中华第一龙、华夏第一村、草原第一都等。内蒙古自治区的长城遗存，其长度和跨越的历史年代，居全国之首。阴山岩画和贺兰山岩画，其数量和艺术价值亦属全国之最。成吉思汗陵、昭君墓等历史人物广为传颂，成为众多影视作品的主要题材。

文化与商业交融的平台。表现在文化活动中蕴含着商业价值以及商业活动中渗透着的文化内涵，如那达慕与大盛魁商会等。

那达慕大会。这是蒙古族文化传统的重要载体，是草原文化、经济和信息的盛大交会。那达慕最初就是基于商品交换的需要，因草原上牧民居住分散，交换生活用品成为一种必须。后来逐渐出现了以出售牧民特产为主的摊位，但交易范围有限，交易额较小。在中蒙关系全面提升的今天，中蒙两国应依托古老的草原文明及传统的搏克、赛马、射箭等竞技项目，使传统项目焕发出新的商机。例如，2015年8月18日第二届中蒙国际那达慕暨第四届中蒙文化交流周在内蒙古自治区乌拉特中旗召开，其主题是"守望相助、促进中蒙文化交流"与"热爱家乡、共创未来"。这场时隔12年（2003年首届）之久的那达慕大会，是在中蒙关系全面提升、中蒙文化交流如火如荼的背景下召开的，具有重要的现实意义。

大盛魁商会。2012年11月2日，内蒙古地区首个文化产业创意园——大盛魁总号在呼和浩特市开园。该园依托"大盛魁"和"重走茶叶之路"两个文化项目而建立，园内包括驿站、博物馆、书画苑、古戏台、茶楼等，使古老的商号蕴含了更深的文化内涵。

万里茶路。万里茶路是中蒙俄三国弥足珍贵的历史记忆，也是不同国家、不同民族之间民众往来的文化基础。17世纪以来，这条兴盛了200多年的国际商贸通道，通过以茶叶为主的货物贸易推动了国家和地区的经济增长，增进了三国人民之间的彼此了解。在鼎盛时期，中国每年向蒙俄输出茶叶20余万担，使得中国古代开门七件事——"柴米油盐酱醋茶"中的"茶"，走入了蒙古国和俄罗斯人民的日常生活。蒙古国游牧民族有"三茶一饭"的生活习俗。沧海桑田，百年巨变，如今的"万里茶路"虽然不复往日商来人往的繁华景象，却依然是沿途国家和地区各族人民共同的记忆。"远亲不如近邻"，中蒙俄三国山水相连，人民之间理应常来常往。万里茶路是我们共同记忆的珍贵历史，也是共建合作的有效载体。

（二）知识外溢效应

中蒙两国文化资源丰富，在中蒙间文化产业合作与发展的过程中，不仅可以共享文化资源，而且在资源共享基础上的知识外溢效应将促进中蒙两国的文化产业发展。

知识外溢是一种知识的再造，其具有模仿效应、交流效应、竞争效应、带动效应等。

模仿效应。在中蒙文化产业交流与合作过程中，双方各有优势，蒙古国原生态的文化资源极为丰富。例如，蒙古长调可以成为中国内蒙古自治区蒙古民族学习模仿的主要艺术。而中国的现代技术优势明显，将传统工艺结合现代技术，使古老的艺术焕发现代魅力，共同提高两国世界地位。

交流效应。中蒙两国虽有许多共有的文化资源，但在历史的发展中，两国受到的周围环境的影响不同。例如，蒙古国转轨前受苏联教育体制的影响，具有苏联文化的特征，转轨后受西方文化思潮影响较大，西式化的教育比较明显，而中国具备典型的东方化特征，因此，中蒙两国间非常有必要进行文化交流。通过文化交流，相互取长补短，共同促进两国文化产业的发展。

竞争效应。中蒙两国文化资源相似，文化产业发展具有相似性的特征。例如，草原文化，中蒙两国都力图以此为背景，打造草原文化品牌，凸显自己在草原文化的独特优势，这在一定程度上存在相互竞争；蒙古族的音乐、舞蹈、蒙古服饰及传统工艺等都是中蒙两国的文化资源，以此为基础发展文化产业具有很多相似性，相互竞争不可避免。中蒙两国文化产业为了在竞争中取胜，需要发展各自的独特性。因此，基于相似文化资源基础上的中蒙文化产业也会在相互竞争中促进其发展。

带动效应。中蒙两国文化产业发展优势各不相同，蒙古国原生态的文化资源丰富，其文化产业发展具有传统优势；而中国文化产业的发展得益于中国经济的发展，更多结合了现代技术，因此中蒙文化产业发展各具优势。通过中蒙文化交流与产业合作，相互取长补短，先进带动落后，共同促进双方文化产业的发展。

四、文化资本积累与培养效应

文化资本就是用于文化商品生产、运输和交换的价值积累，包括有形和无形两个方面。有形方面，比如，被赋予了文化意义的建筑、遗址、雕塑、绘画、书法等；无形方面的文化资本主要指人们的思想、创意、信息、技巧、民间传说等。中蒙两国在人类历史发展的长河中积累了大量的文化资源，这些文化资源将成为中蒙两国文化产业合作的基础，并通过文化产业的发展，不仅将文化资源资本化,而且通过文化产业的发展,还将积累及培养起大量的文化资本,使其成为未来中蒙文化产业发展壮大的基础。

(一)文化资本积累

首先,文化资源是文化资本积累的基础。因中蒙两国的地缘、族缘关系,两国在文化资源方面具有相似之处、共通之处,有发展文化产业的基础和条件。两国通过对共有文化资源的开发、文化遗址的修复和保护、影视制作、传统工艺的发扬光大等,不仅能提升极具民族地域特点的文化资源在国际上地位、获得价值认同,而且为文化产业的发展奠定了基础。

其次,文化产业的发展是文化资本积累的有效途径。文化产业的发展,不仅要有文化资源,更重要的是通过投入资本、技术,结合人的思想,对一些不可移动的文化资源进行深度挖掘,形成主题鲜明、富有时代韵味的文化产品,这不仅能使不可移动的文化资源广为传播,而且作为高附加值的产业,将为文化产业的发展积累起更多的文化资本。

(二)文化资本培养

作为高知型的产业,文化产业的发展蕴含着更多的智力因素。因此,在中蒙文化产业合作中,不仅需要前期资本的投入,更需要引进大量的智力型人才,对中蒙文化资源进行深入研究,结合现代技术,使文化资源既能保持其原貌特征,又能满足现代人的诉求。在文化产业发展壮大中,不断培养起适应这个行业发展的文化资本。

五、集聚人才与创新创意效应

文化产业是一个高知型、高附加值的行业,是一个人才集聚、创新创意的产业。因此,随着中蒙文化产业合作与发展,必将会集聚起这个行业需要的创新型人才。

(一)人才集聚效应

文化产业的发展,不仅要弘扬民族传统文化,更重要的是创新,特别是好的创意及创新手段,将成为文化产业发展新的竞争优势。从中蒙文化产业交流与合作的现状来看,两国有着丰富文化资源,特别是基于"地缘、族缘"特征的文化资源非常丰富,但人才短缺问题凸显,特别是随着现代传媒、动漫游戏、数字视听等新兴文化产业的迅速崛起，高端人才的短缺成为两国文化产业发展的制约。因此，在当前中蒙文化交流与产业合作迅速发展的背景下，加快人才培养、引进文化传媒人才是当前及今后中蒙两国文化产业发展的重要举措。通过人才引进及自身培养，在中蒙文化产业合作与发展中将逐渐积累起这个行业发展所需要的人才，使其成为人才培养的孵化基地。

（二）创新创意效应

"创新"是文化产业发展的动力，许多文化资源属于不可再生的资源，如文化遗址、古迹等，如何在不破坏文化资源的前提下，发挥文化资源的价值，那就是"创新"。例如，美国、英国等发达国家，之所以成为文化产业的大国，是因为"创新创意"。中蒙文化产业合作与发展也需要创新。

文化内容创新。文化内容创新，不是要丢掉传统文化，而是从新的视角、新的创意来看待文化资源、研发文化资源，是要让传统文化资源符合现代人消费观念和欣赏眼光。

文化服务创新。文化具有双重作用，既承担着满足人的精神需要，又承担着解构传统经济发展模式的作用。随着人们观念的更新，文化服务社会的功能不断增多，人们需要文化服务的模式创新，特别是在互联网时代，更需要新的手段及媒介传递文化信息，满足不同消费者的文化需要。

文化科技创新。随着科学技术的不断进步，科学技术在文化产业发展中的作用和地位不断提高，信息业的发展、文化产品的传播手段越来越多样化，也使人们真正迈入了数字化的时代，3D影片、数字电视、互联网、网络出版等，不仅使人们获取信息的时间缩短了，也拉近了时空距离。

文化业态创新。科学技术的发展催生了文化产业的各种新兴业态形式。数字卫星电视、移动电视、手机电视近年来得到了快速发展；网络正在成为人们日常生活中不可或缺的文化传播工具；数字电视、数字电影、网络出版、网络游戏和动漫等高新文化产业也成为我们日常生活不可或缺的重要组成部分。文化产业新的业态形式都是以科技发展为基础，以新的传媒手段为媒介，是未来文化产业发展的主流形式，也会成为中蒙文化交流与产业合作竞争优势的基础。

中蒙文化交流与产业合作，文化资源仅是基础，而创意是核心，品牌是无形资产。在中蒙两国文化产业发展过程中，一些文化产品在国内外有一定的影响，但缺乏国际知名品牌，如草原文化，完全有实力打造成国际品牌。当然，品牌的打造、产品的研发、生产及推广，都需要有好的创意，需要人的创造性思维。基于此，加快人才培养，特别是新型创意人才的培养，走品牌化道路，是中蒙文化交流与产业发展壮大的必经之路。

第五章

中蒙文化产业的对比研究

中蒙战略伙伴关系的确立和"一带一路"战略的实施,为中蒙文化产业的发展带来了千载难逢的发展机遇。文化产业作为中蒙两国尤其是中国经济发展中的"朝阳产业",正在步入快速发展的轨道。

一、中国文化产业发展现状及国际地位

进入 21 世纪以来,我国政府对文化产业发展给予极大关注。尤其是在 2012 年《国家"十二五"文化改革发展规划纲要》中指出,构建现代文化产业体系,推动文化产业跨越式发展,使之成为新的经济增长点、经济结构战略性调整的重要支点、转变经济发展方式的重要着力点,为推动科学发展提供重要支撑。[①] 2012 年,《文化部"十二五"时期文化产业倍增计划》中提出全面提升文化产业创新能力和核心竞争力,推动文化产业成为国民经济支柱性产业。正是由于国家的重视使得文化产业在"十三五"期间走上了快速发展的道路。

(一)中国文化产业发展现状

经过几十年的探索和创新,中国文化产业已取得了许多丰富的成果,并呈现

---

① 国家"十二五"时期文化改革发展规划纲要 [M]. 人民日报,2012 – 02 – 16.

出蓬勃生机和良好的发展态势。虽然在发展过程中仍存在结构性矛盾和资源配置等不合理现象,但文化产业发展总的趋势是乐观和积极的,并与国际先进的产业文化元素和模式不断融合与对接。

从近10年的测算结果来看,我国文化产业增加值呈现出持续上升的趋势且发展较为平稳。与2004~2010年相比,2011年有较大幅度的上升,原因在于统计口径的改变。2012年,我国颁布了新的《文化及相关产业分类(2012)》方法,根据新的口径,国家统计局将2011年文化及相关产业增加值由原来的13479亿元修订为15516亿元,与当年GDP之比由2.85%修正为3.28%。

2014年全国文化系统共有艺术表演团体2055个,博物馆2638个。全国共有公共图书馆3073个,文化馆3298个。有线电视用户2.24亿户,有线数字电视用户1.69亿户。年末广播节目综合人口覆盖率为97.8%,电视节目综合人口覆盖率为98.4%。全年生产电视剧441部15783集,电视动画片199132分钟。全年生产故事影片638部,科教、纪录、动画和特种影片186部。出版各类报纸478亿份,各类期刊34亿册,图书83亿册(张)。年末全国共有档案馆4122个,已开放各类档案12059万卷(件)。

1. 文化旅游业仍居主导地位

首先,从2013年的整体发展状况来看,文化旅游业仍然是民众进行文化消费的主要方式和对象。2013年中国旅游市场呈现出"三升一降"的特点。国家统计局发布的《2013年国民经济和社会发展统计公报》显示,2013年我国旅游业保持健康较快发展,全年实现旅游总收入29475亿元,比上年增长14%。其次,传统行业受网络新媒体等新兴产业的影响越来越大,积极实现二者结合是未来发展的主要趋势。在线旅游方面,艾瑞咨询数据显示,2013年中国在线旅游市场交易规模2204.6亿元,同比增长29%;中国在线旅游OTA市场营收规模117.6亿元,同比增长26.2%。

2. 新兴产业发展迅猛

首先,随着智能手机和无线网络的持续发展和普及,手机继续保持上网第一大终端的地位,网络平台在文化产业发展中的作用显著。中国互联网络信息中心(CNNIC)发布的第33次《中国互联网络发展状况统计报告》显示,截至2013年12月,中国网民规模达6.18亿,其中手机网民达到5亿,互联网普及率为45.8%。其次,游戏产业一方面具有内容、科技产业的特点,另一方面,由于一款知名游戏往往拥有大量的付费用户,也赋予了其"平台"的特点。因此科技和平台的双轮驱动使得游戏产业得以持续繁荣发展。

3. 内容产业保持持续发展

首先，2013年电影产业取得了突破性进展，全年票房高达217.69亿元，其中，国产影片票房收入127.67亿元，进口影片票房收入90.02亿元。除票房之外，2013年院线和银幕增长势头更加强劲，电影类型尝试增多，更加多元化，发行营销也与新媒体更加紧密结合，二三线甚至四线城市成为助推国产影片的主力。其次，商务部和中国拍卖行业协会发布的《2013年中国拍卖行业经营状况分析及2014年展望》蓝皮书显示，2013年拍卖业年拍卖成交金额首次突破7000亿元，较2012年增长22.23%。最后，2013年的中国动漫产业在保持持续发展的同时，也呈现出回归理性的发展趋势。

4. 对外文化贸易成绩斐然

党的"十八大"以来，党中央、国务院高度重视发展对外文化贸易，做出了一系列重要决策部署，有力地推动了对外文化贸易工作，我国对外文化贸易规模不断扩大、结构逐步优化，文化出口企业数量不断增加，文化领域境外投资步伐不断加快。我国对外文化贸易在促进对外文化交流、推动中华文化"走出去"、提升国家文化软实力、提升开放型经济水平等方面发挥越来越大的作用。2003~2013年，我国文化产品进出口从60.9亿美元攀升至274.1亿美元，年均增长16.2%；文化服务进出口从10.5亿美元增长到95.6亿美元，年均增长24.7%。同时，我国对外文化贸易在对外贸易中的比重偏低，核心的文化产品和服务贸易逆差仍然存在，文化企业参与国际竞争的能力还较弱，有待进一步改善和加强。

（二）中国文化产业的国际地位

研究表明，中国文化产业国际化发展步伐不断加快，扩大了中国文化的国际影响力。2004~2014年，中国文化影响力从世界排名第十位上升至第五位，中国的软实力名列全球第三，取得的成绩令人欣喜。目前，我国的文化产业已初步形成了音像业、娱乐业、影视业、旅游业、图书报刊业、演出业、艺术品业、网络业和艺术培训业等比较完整的行业门类。文化产品和服务的数量不断增多，质量也不断提升。

随着文化体制改革的不断深入，成功组建了大批集团化文化企业，文化产业新的资本格局开始建立，国有文化市场主体逐步壮大。我国出版、报业集团中的31家企业跻身我国企业500强，其中14个出版集团、9个报业集团年收入超过10亿元。这些企业集团资本雄厚，在技术和人才等方面拥有显著优势，通过国家化的运作方式，开始在更高层面的国际市场展开竞争。因此，我国文化产业的国际竞争力也在逐步提升。

从国际文化产业的发展趋势看，当前，少数实力雄厚的跨国文化集团凭借其在生产、融资、协调和销售等方面的优势，在全球文化产业链中占据了利润高附加值的部分。与美国、日本、韩国等文化产业发达的国家相比，我国的文化产业仍处于起步阶段，我国文化企业要想嵌入全球价值链的高端部分，必须根据经营环境和自身资源，将市场、产品、服务、人力及资本等要素进行组合匹配与管理，实现合理高效的转型与升级。

根据普华永道（PWC）测算，在2011年世界主要经济体娱乐和传媒业市场规模中，中国以890亿美元的营业额位列第三，排在美国（3630亿美元）、日本（1730亿美元）之后，第四至第十依次是德国、英国、法国、意大利、加拿大、巴西和韩国。营业额分别为720亿美元、690亿美元、610亿美元、590亿美元、370亿美元，巴西和韩国均为350亿美元（见图5-1）。

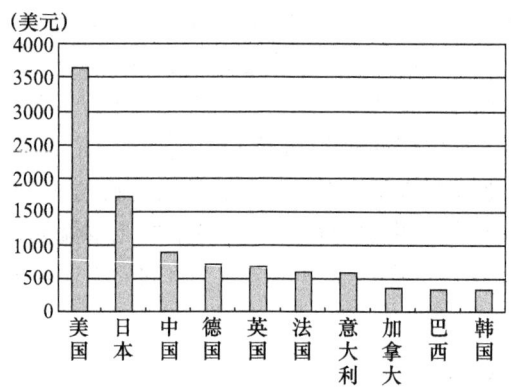

图5-1　2011年世界主要经济体娱乐和传媒业营业额

数据来源：根据世界知识产权网站公布数据整理。

世界知识产权组织的最新数据显示，2013年，全球文化产业增加值占GDP的比重平均为5.26%，约3/4的经济体在4.0%~6.5%。中国位列第五，其中，美国最高，达11.3%，韩国、巴西、澳大利亚、中国、新加坡和俄罗斯均超过6%，加拿大、英国、中国香港、南非和中国台湾则分别达到5.4%、5.2%、4.9%、4.1%和2.9%（见图5-2）。

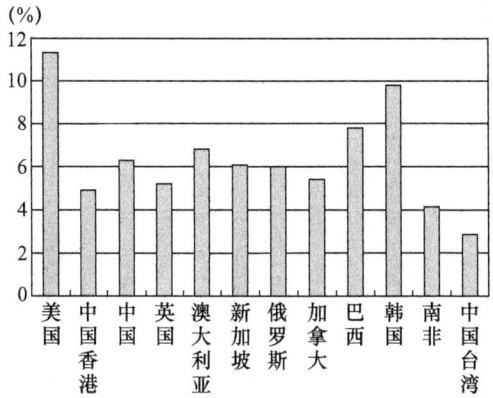

图 5-2　2013 年世界主要经济体文化产业增加值占 GDP 的比重
数据来源：根据世界知识产权网站公布数据整理。

二、蒙古国文化产业发展现状及国际地位

蒙古国文化资源比较丰富，但是由于国家经济社会发展战略和科技发展水平较低等原因，其文化产业发展滞后，文化产业的国际地位较低。

（一）蒙古国文化产业发展现状

1. 蒙古国文化产业发展势头初步显现

蒙古国的文化产业发展主要取决于蒙古国的经济总体情况发展及蒙古国对外贸易发展状况。2013 年蒙古国净出口为 -1553.7 亿蒙古图格里克，表明蒙古国进口额比出口额要高出 1553.7 亿蒙古图格里克，2014 年净出口贸易额出现平衡。截至 2015 年 8 月蒙古国对外贸易的总额达到 5798.4 亿蒙古图格里克，贸易国家包括了 140 多个国家，其中，净出口额呈现正值，即 704.8 亿蒙古图格里克，这些均表明了蒙古国经济发展状况持续转变的过程，有更多的商品出口，而不是单纯依靠进口拉动效应（见图 5-3）。

受国家对外开放战略和经济因素影响，蒙古国的文化产业主体正在不断发展壮大，文化产业体系雏形基本形成，居民文化消费能力也稳步提升。截至 2013 年底，蒙古国共有文化中心 342 个，每省多则 20 个左右，有的省只有 3~5 个，共有 9.1 万张座席；公共图书馆 376 座，共藏书 682 万册，人均 2.35 册，拥有常

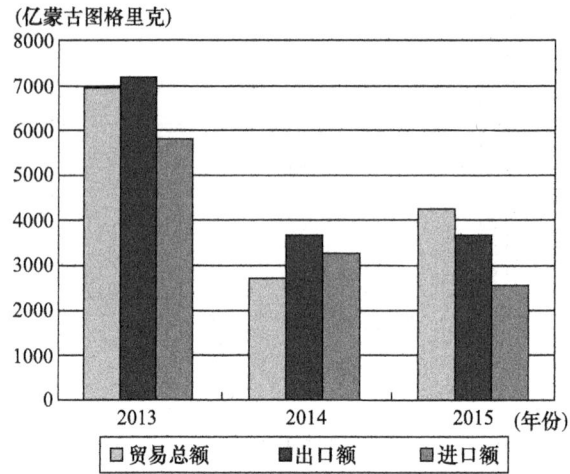

图 5-3 2013 年 8 月至 2015 年 8 月蒙古国对外贸易情况

数据来源：中华人民共和国商务部网站。

年读者 28.49 万，读者与 2012 年相比有下降趋势；2013 年博物馆展品达 26.16 万件，呈逐年增加走势，而观众人数则从 41.6 万人增加到 92.06 万，增加两倍之多；全国文艺工作者人数达 7011 人，与前几年相比增速较快，但是演出场次却从 2011 年的 5149 场下降到 2013 年的 4236 场，观众人数分别为 197.49 万和 196.22 万，变化甚微。图书出版由 2010 年的 13.52 万册下降到 2013 年的 2.6 万册；报纸出版由 2011 年的 1337.8 万份下降到 2013 年的 1131.2 万份，但是公开出版期刊则有所增加，由 2010 年的 3.46 万册增加到 2013 年的 44.97 万册，增加近 13 倍。此外，蒙古国每年国产电影约 13 部，从国外进口电影拷贝由 2010 年的 68 部增加到 2013 年的 105 部。2013 年，由蒙古国申报的蒙古包装饰艺术、蒙古文书法、《甘珠尔》等，被联合国教科文组织列入非物质文化遗产名录，截至 2013 年年底，由蒙古国申报的非物质文化遗产已达到 23 项。

2. 蒙古国文化旅游业发展前景广阔

蒙古国地域辽阔，旅游资源丰富，尤其是自然景观引人入胜，有草原、戈壁、湖泊、河流和森林等，动植物资源丰富，水质纯净，空气清新，在数千年的历史中留下诸多岩画、鹿石、寺庙、古代城址和宫殿等文化遗址，是世界上少数保留游牧文化的国家之一。2000 年以来，蒙古国政府提出用 15 年时间，把旅游业打造成蒙古国支柱产业，制订了 2001~2015 年规划，拟建设 15 个重点旅游区，并采取保护和修复文化古迹、确认成吉思汗出生地、建立标志性建筑物和象征性雕塑、建设国家公园、饭店、旅游营地等措施，使该国的旅游业得到较快发展。根据官方统计，2013年与2010年相比，蒙古国出入境人数由183.35万增长到216.76万，其中外国公民出入境人数为51.35万，外国游客41.78万，其中中国公民出入蒙古国境人数达26.0万，其中游客达17.82万，其次为俄罗斯公民达7.6万，第三为韩国达4.6万，日本人达1.8万，美国人达1.5万，哈萨克斯坦人1.1万（见图5-4）。蒙古国出境人数达166.28万，其中因公私业务出境人数为151.90万，旅游出境人数为3.61万。2011年，蒙古国接待游客62万人次，旅游收入2.83亿美元。2014年，蒙古国出入境人数436万人次，其中出境218万人次，入境217万人次。2014年，共有50.6万外国旅客入境。入境旅客的51%为中国籍，15%为俄罗斯国籍，9.3%为韩国籍，3.7%为日本国籍，3.0%为美国籍，18%为其他国家旅客。2014年共有168万名蒙古国公民出境，84%为因私出境。

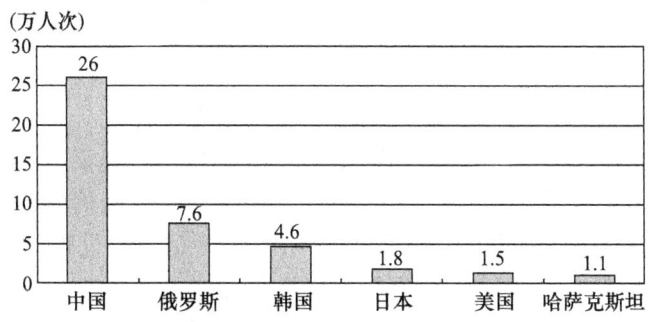

图5-4 蒙古国入境外国游客人数

3. 教育和文化科技普及程度提高

依据联合国制定的人类发展指数的教育指标，蒙古国教育已达到极高水平。这与国家对教育的重视与公民的觉悟和意识直接相关。仅从对教育的投入来讲，2013年与2010年相比，国家财政对教育的投入由30806.85亿蒙古图格里克增长到61779.79亿蒙古图格里克，增加两倍之多，占当年财政支出的15.2%，人均教育支出32.66万蒙古图格里克。截至2013年，蒙古国共有全日制普通高等教育（包括小学、初中、高中）756所，夜校和函授学校54所，公办和私立大专院校共计179所。其中，公办院校10所，公立专科学院6所，公立职业学院53所。各级各类在校学生人数由2009~2010年的84.11万人增加到2013~2014年的90.76万人，占全国人口的近1/3。此外蒙古国在国外有许多留学生，仅在中国的留学生就达8000多人，在俄罗斯有2000多人。可见蒙古国教育普及程度较高，教育事业发展越来越发达和开放，吸引了许多学者去蒙古国访学，这也增加了蒙古国文化产业的份额,并扩大了文化产业的发展趋势。

4. 蒙古国演艺事业蓬勃发展

蒙古国的主体民族是蒙古族,蒙古族人民世居草原,以畜牧为生计,过着"逐水草而迁徙"的游牧生活。尽管这种生存方式在现代社会被逐步弱化,但仍然被视作蒙古族的标志,其民俗文化仍然在一些地区得到传承和发展。蒙古国不仅在教育事业上比较发达,而且其音乐、舞蹈艺术在国际上也居于相对显赫的地位。2006 年中国文化部同意了蒙古国乐队文艺汇演到中国内蒙古自治区演出的批复以后,中蒙演艺界的交流和合作呈现出较强的活力。

蒙古族是一个酷爱音乐的能歌善舞的民族。素有"音乐民族"、"诗歌民族"之称。蒙古音乐可以分为民间音乐、古典音乐、宗教与祭祀音乐三大类,具有旋律优美、气息宽阔、感情深沉、草原气息浓厚等鲜明的民族风格,尤其是蒙古长调、呼麦等演唱形式和马头琴、胡毕斯、太平鼓等声乐器在国际上影响极其广泛。蒙古族舞蹈久负盛名,其特点是节奏明快、热情奔放、风格独特,表现了蒙古族劳动人民淳朴、热情、精壮的健康气质。传统的马刀舞、筷子舞、安代舞、驯马手舞、小青马舞、盅碗舞等在世界许多国家深受欢迎。

蒙古国"那达慕"大会具有悠久的历史,"那达慕"是蒙古族游牧文化的重要组成部分,也是蒙古国家节庆的主要仪式,在蒙古族人民的生活中占有重要地位,搏克、射箭、赛马为核心内容的"男儿三艺"是其象征性符号,同时还结合引人入胜的歌舞。蒙古国"那达慕"虽然在规则、服饰等方面与我国的"那达慕"略有不同,但在"那达慕"的文化意义方面基本一致,同样体现了草原人民缅怀祖先、欢庆丰收、民族团结等内涵,体现民族特色,弘扬民族文化。近年来,随着蒙古国对外政策的实施,"那达慕"吸引了许多世界国家,特别是包括中国在内周边国家的参与,"那达慕"已经成为蒙古国对外文化交流的重要载体。

(二)蒙古国文化产业的国际地位

蒙古国是地处中俄之间的世界第二大内陆国。其国土面积达 156.41 万平方千米,居世界第 18 位。东西长度 2392 千米,南北跨距 1259 千米。人口 300 万,居世界第 139 位。近一半人口居住在首都乌兰巴托市,城镇化率达 66.2%。蒙古地上地下资源极为丰富,拥有 1.3 万亿美元以上的世界级的矿物资源,现已引起外界广泛关注。传统的草原畜牧业是其经济基础,截至 2015 年 8 月该国五种牲畜已超过 6649 万头(只),人均世界第一。2014 年,蒙古国的国内生产总值同比增长 7.8%(见表 5-1),按当年价格计约合 124.4 亿美元,人均约 4147 美元。按照世界银行统计,人均 3964 美元,已跨入中等收入国家行列。众多增长数据显示，与2010年相比，文化产业增长34.8%，但是蒙古国总体来看，文化产业的发展在世界排名比较靠后，主要根源在于蒙古国的人口数量对比中国来说少，文化产业创造性不强，如电影和会展业在蒙古国的发展较慢，但是鉴于蒙古国是马背民族和草原文化及语言传承最好的国家，可以大力发展该优势，吸引国外入境游客，同时大力发展电影和会展为蒙古国带来较大的发展机遇，可见蒙古国文化产业发展的国际竞争力还亟待改善和提升。

表5-1 蒙古国与中国GDP增幅情况比较（2006~2014年） 单位:%

年份	2006	2007	2008	2009	2010	2011	2012	2013	2014
蒙古国	8.6	10.2	8.9	-1.3	6.1	17.3	12.3	11.7	7.8
中国	11.1	11.4	9.6	9.2	10.4	9.3	7.8	7.7	7.4

三、基于全球价值链视角的中蒙文化产业比较优势

全球文化产业价值链是指为实现文化商品或服务价值而连接生产、销售、回收处理等过程的全球性跨企业网络组织，涉及创意理念形成和设计，并伴随着物流、资本流、信息流和商流，将抽象的文化直接转换成具有高度经济价值的产业，并最终消费和回收处理的整个过程。它包括所有参与者和生产销售等活动的组织及其价值、利润分配。文化产业是一个创意开端、内容为主、面向市场、满足消费者的服务性产业。当前，散布于全球的、处于全球价值链上的文化企业进行着从设计、产品开发、生产制造、营销、出售、消费、售后服务，最后循环利用等各种增值活动。

（一）全球文化产业价值链概念及内容构成

文化产业与传统产业相比有较大不同，文化产品和服务的消费存在很强的外溢效应。文化产品的价值并不是来源于稀缺，而是来源于普及，普及程度越大，其价值也越大。文化消费具有共享性或网络正外部性。文化是满足生活基本需求之外更高层次需求的产品，是弹性较大的软需求。文化产品的形成跨部门、跨行业，涉及面多、关联度广，涵盖了吃、住、行、游、购、娱六要素各环节，是一种综合性复合型的产品。由于文化产业属于高风险的行业，并且文化消费具有很强的链式效应和关联效应，因此，产业链的深度与广度直接影响了文化产业抵抗

风险能力和产业整体盈利能力的整体水平（见图5-5）。

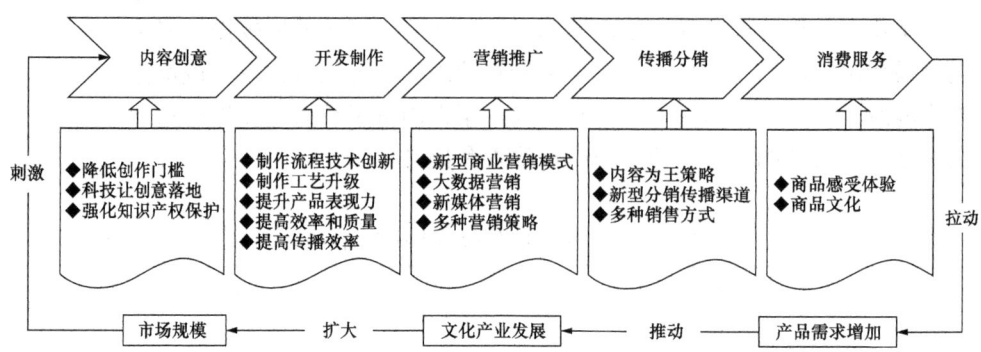

图5-5 文化产业价值链

1. 内容创意的策划，即创意形成环节

创意来源于艺术家、设计者或策划者的灵感或创造，正是这一群体成为文化产业的真正推动者。参与的市场主体是文化内容提供者，其中的关键人物是艺术家、设计师等，这个环节是创意产业价值链的源头，在任何情况下都是控制整个链条的关键环节，主要增值部分就在其原创性的知识含量之中。

2. 文化产品的设计和生产制作

这一阶段是依靠现代技术创新将创意（或作品）转化为文化产品的过程。被授权创意生产的文化企业以尽可能多、尽可能贴近不同消费者需求的产品形态承载文化信息，如生产以光盘、软件包、网页、视频等多种形态为载体的文化产品。在这一过程中，创意内容通过不同的承载方式，不断改进和完善其文化服务价值，实现文化产品的边际效用递增效用。如同一个文学创意《哈利·波特》可以通过电影、书籍、DVD、玩具、礼品等多种不同的载体形式，满足消费者不同的内容需求。

3. 市场推广，即营销推广和传播渠道两个环节

在此过程中，授权商、被授权商、代理商、传媒中介人和制作人等通过对知识产权的整体开发应用和整体营销，运用各种营销模式将其价值和实用价值销售让渡给消费者，从而实现产业化价值的创新。没有销售或发行通路，再好的产品也变不成产业，因此传播渠道构成文化产业价值链上的重要环节，它通过电影、电视的播映机构、报刊、电台、演出经营场所以及网络运营商等传播渠道，实现优秀的文化产品在受众群体间传播的网络效应，增加文化产品的情感附加值，实现文化衍生产品进一步的价值创新。

4. 消费者服务环节

伴随着消费社会的来临，大众的休闲时间和可支配收入不断增加，大众对文

化商品的消费提出了更高要求。消费者不仅注重其交换价值和使用价值，而且注重其符号价值和体验价值，更强调文化商品的情感诉求和审美诉求。在此过程中，消费者对整个价值链条具有反馈和互动的作用，它充分利用文化消费具有路径依赖和锁定效应这一特征，以消费者的个性化需求为出发点，将不同的行业联系在一起实现二次文化衍生品的生产和销售，实现文化产业跨行业多元化的价值创新，变消费经济为体验经济。

需要指出的是，在整个文化产业价值链的实现过程中，人才、资本和技术三要素缺一不可，它们贯穿了整个文化价值创新的全过程。分析价值链的目的在于实现竞争优势，而竞争优势来源于价值链上各价值活动间的联系。价值链理论揭示了企业与企业的竞争，不只是某个环节的竞争，而是整个价值链的竞争。价值链在文化经济活动中是多向度存在的，上下游关联企业与企业之间存在产业价值链，企业内部各业务单元之间也存在着价值链联系。文化产业是综合性极强的产业，涉及的部门多达100多个，文化产品的综合性决定了供应链上任何企业都不能仅关注单个企业战略价值的实现，还必须关注整个行业价值系统的整体效率。只有当整个供应链上企业行为协调一致时，才能最大限度地满足消费者需求，单个企业才能获得最大利益。

（二）文化产业价值链的特征

文化产业价值链以创意为源头，以文化产品为客体，使原创性的文化创意最大程度地衍生与发展，不断实现价值创新、传递和增值。文化产业价值链具有以下特征：

第一，以创意为先导。文化产业的核心要素是知识、创意、智力等可再生资源，如果缺乏创意，再深厚的文化积淀也难以转化为经济效益。只有文化为源、创意作核，才能促进传统文化产业升级，提升文化产品的竞争力，继而产生无限放大的效应。创意高度依赖于人的心智能力。因此，创意人才是文化产业最核心、最活跃的生产要素，文化企业倾向于在拥有创造力人群集中的地方集聚。

第二，文化消费能满足消费者精神需要。文化消费同一般物质消费有所差别，能提升消费者的幸福感与满足感，满足消费者的精神需要。根据马斯洛需求层次理论，当物质需求与消费达到一定程度后，会转向更高层次的精神、文化需求与消费，文化产品和服务需求逐渐增加。因此，发展文化产业是经济社会发展到一定阶段的必然选择。

第三，文化产品能产生链式反应。文化产品具有可共享、可复制、可重复使用的特点，传播与使用频率越高，价值增值空间越大。文化产品复制成本低，边际效益递增，一旦掌握了创意源，开发出市场潜力大的核心产品，就能在产业链上衍生出更多的附加值,不断放大核心创意的商业价值。例如,迪士尼公司初始业务为动画制作,之后建造了迪士尼主题公园,将迪士尼动画形象立体化、实物化,运作品牌授权和连锁经营,通过迪士尼动画形象专有权使用与出让、生产销售品牌产品以及出版发行相关书刊、音乐及游戏产品等渠道延伸价值链,打造了包括产品生产、销售、物流、终端消费等环节的完整产业链。据统计,迪士尼40%的收入来自衍生产品,这种盈利模式被称为"利润乘数"模式。网络、手机、移动电视、数字杂志等新媒介的出现,使多媒介传播同一创意成为可能,经过元素分离与萃取,使核心创意通过不同的媒体工具,从不同角度进行延展和表现,形成相互促进的有机整体。从单条文化产业链看,链式反应是一种新模式,可以延伸产业链条,实现效益最大化。从文化产业各形态间的融合看,链式反应可以改变"单兵作战"的旧思维,培育新兴业态。

(三)中蒙两国文化产业优势比较分析

1. 从内容创意方面比较分析

内容创意是决定文化产业发展好坏最基本的标尺,因为内容是吸引众多消费者的一个关键因素,这个环节是创意产业价值链的源头,在任何情况下都是控制整个链条的关键环节,主要增值部分就在其原创性的知识含量之中。内容创意是产业链的高利润区,尤其在传媒、娱乐、艺术等行业中的创意企业,内容的原创能力及内容资源的集成配置能力越来越成为价值链的核心环节。在"内容为王"的时代,文化产品的生产只有以具有强大生命力的形象和内容为基础,才能产生持久的商业形象和未来的关联产品。

单纯地从内容创意方面来说,中国的文化产业优势更为明显。中国传统文化源远流长、古典文学经典优秀、民间工艺群星璀璨、风土人情多姿多彩等,这些为中国文化作品的创作提供源源不断的思想来源。然而蒙古国文化作品落后于中国,尤其在传媒和娱乐方面,如蒙古国的电影和电视题材多以蒙古民族和军事方面为主。与蒙古国相比,中国在这两个方面的电影和电视题材优势都很明显,因为内蒙古自治区也是马背民族的传承者,不仅这两方面,中国还有一些其他题材的电影和电视剧。由此可见,在内容创意方面蒙古国远远落后于中国。但是蒙古国有得天独厚的人文景观,可以选择多种题材拍摄电影等,两国的电影可以相互翻译和合作拍摄。同时,蒙古国的民族文化产业、地区旅游发展与内蒙古自治区的民族文化可以互融互通,中国的文化传媒企业以及蒙古国的文化传媒相互合作,创造出更具有民族文化和特色的一些文化产业作品来。与具备突出加工能力的国家相比,中国文化企业的前期创作和后期衍生产品的开发能力相对不足,产业呈现出两头小、中间大的"纺锤体"结构。这些都充分证明了中国要与蒙古

第五章 中蒙文化产业的对比研究

国合作，在文化产业内容创意方面实现新的合作共赢模式，将两国的优势充分发挥出来，改善现有的文化产业发展结构。

2. 从市场推广方面比较分析

营销推广环节是将文化作品以最完美的形式呈现在消费者面前的最好方式，众所周知，文化产业的高速发展必须依靠市场营销环节的辅助功能。以中国和蒙古国的旅游资源为例，各个国家都有自己的旅游资源，并且都各具特色，可是要想吸引更多的外来游客入境旅游，并实现重复入境次数提升等都需要在营销推广方面做出更多的努力。从中国入境旅游人数对比（见表5-2和图5-6）蒙古国入境旅游人数统计（见表5-3和图5-7）可以看出，2008年以来，中国入境旅游人数每年都多于蒙古国入境旅游人数，甚至是蒙古国入境旅游人数的50倍左右，而蒙古国的入境旅游人数大多数是中国人，尤其对于旅游业来说，主要是通过创意文化产品和营销宣传工作吸引消费者，因此经过对比发现，蒙古国的旅游资源不能够吸引更多的外国游客，而这些外国游客不去蒙古国旅游的主要原因是对蒙古国缺乏了解，不知道蒙古国旅游资源的特点，而中国的旅游资源是相当丰富的，这些也取决于文化创意新颖等特点。由此可见，蒙古国的文化旅游资源只是处于旅游业发展的初级阶段，应该大力进行营销推广，使得旅游市场扩大，可以与中国的旅游业相互合作、相互学习和借鉴经验，使用较为国际化和数字化的方法进行营销宣传，这样就能够实现较为明显的旅游人数的变化以及旅游资源带来的经济增长和经济发展变化。

表5-2　2008~2012年中国入境旅游人数统计　　　单位：万人

国籍	2008年	2009年	2010年	2011年	2012年
总计	2432.53	2193.75	2612.69	2711.20	2719.16
亚洲	1456.17	1377.93	1620.37	1665.02	1664.88
日本	344.61	331.75	373.12	365.82	351.82
韩国	396.04	319.75	407.64	418.54	406.99
蒙古国	70.53	57.67	79.44	99.42	101.05
印度尼西亚	42.63	46.90	57.34	60.87	62.20
马来西亚	104.05	105.90	124.52	124.51	123.55
菲律宾	79.53	74.89	82.83	89.43	96.20
新加坡	87.58	88.95	100.37	106.30	102.77
泰国	55.43	54.18	63.55	60.80	64.76
印度	43.66	44.89	54.93	60.65	61.02
其他	232.12	253.03	276.64	278.69	294.53
欧洲	611.27	459.12	567.28	591.08	592.16

续表

国籍	2008年	2009年	2010年	2011年	2012年
英国	55.15	52.88	57.50	59.57	61.84
法国	43.00	42.48	51.27	49.31	52.48
德国	52.89	51.85	60.86	63.70	65.96
意大利	19.44	19.14	22.92	23.50	25.20
瑞士	6.34	6.26	7.43	7.53	8.28
瑞典	13.77	12.58	15.45	17.01	17.16
荷兰	18.09	16.69	18.91	19.75	19.55
俄罗斯	312.34	174.30	237.03	253.63	242.62
其他	90.25	82.96	95.90	97.06	99.08
美洲	258.19	249.12	299.54	320.1	317.95
美国	178.64	170.98	200.96	211.61	211.81
加拿大	53.47	55.03	68.53	74.80	70.83
其他	26.07	23.10	30.05	33.69	35.32
大洋洲	68.88	67.24	78.93	85.93	91.49
澳大利亚	57.15	56.15	66.13	72.62	77.43
新西兰	10.52	10.04	11.61	12.09	12.83
其他	1.21	1.05	1.19	1.22	1.23
非洲	37.84	40.12	46.36	48.88	52.49
其他	0.19	0.22	0.21	0.19	0.19

数据来源：《中国旅游统计年鉴》（2008~2012）。

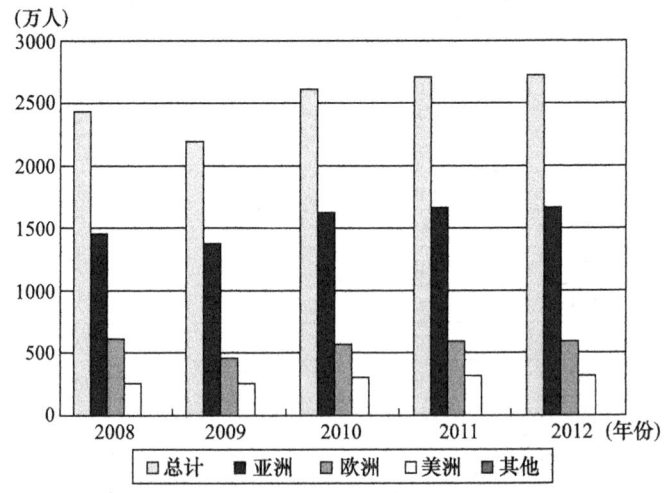

图5-6　2008~2012年中国入境旅游人数统计

数据来源：《中国旅游统计年鉴》（2008~2012）。

表5-3 蒙古国入境旅游人数统计　　　　　　　　　单位：万人

年份 国家	2008	2009	2010	2011	2012
总计	46.88	46.49	46.18	62.38	41.78
东亚和太平洋地区	28.78	29.20	24.97	42.28	31.82
欧洲	16.13	15.48	12.16	8.67	7.60
美洲	1.59	1.44	1.20	1.74	1.80
其他地区	0.38	0.37	7.85	9.69	1.10

数据来源：2008~2012年蒙古国统计数据，说明从2010年以后，入境旅游人数对应的是中国、俄罗斯、韩国、日本及美国，该数据是经过统计计算出来的。

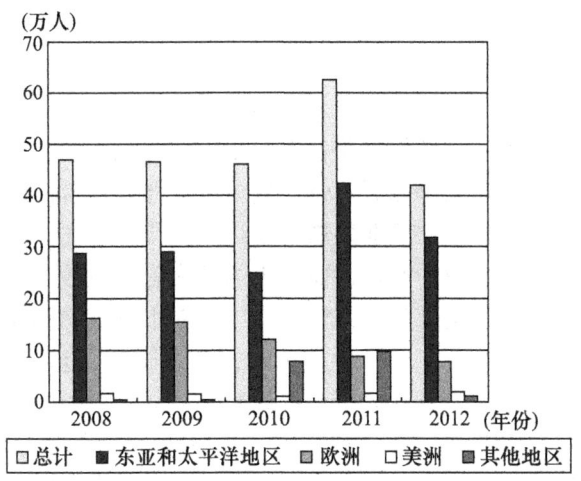

图5-7 蒙古国入境旅游人数统计

数据来源：2008~2012年蒙古国统计数据。

3. 从消费服务环节比较分析

在消费社会中，大众消费的要求越来越高，并呈现出较为明显的增加，从而对文化商品的需求也越来越多，而在整个价值链中，消费者注重的是体验价值和符号价值，更多的是强调文化商品的情感诉求和审美诉求。这就要求文化产业的发展要迎合大众消费需求，即文化产业是以"创造性"为投入要素，目的是要满足消费者大众化的需求，要想实现消费者需求的满足，要通过人才的培养和创造才能满足消费者的多样化的需求。由此可见，人才是文化产业的核心和灵魂，文化产品的制作和经营对人力资源的依赖性很强，就制作来说它需要创意、美工、软件开发等过程，这些过程都需要高素质人才。人才的培养是文化产业创新发展的基础，也是文化产业崛起的关键。以高附加值的动漫产业为例，我国动漫产业的总就业人数只有8.4万人，比发达国家要低一些，但是对比蒙古国来说还是较高的。目前培养的人才以低端制作人员和高端的研究人员为主，人才结构失衡，前期策划和创作设计人才缺口较大，同我国的文化产品日益增长的消费群体相比更是显得短缺，这无疑是我国文化产业快速发展的制约瓶颈。以网络游戏为例，从2007年以来，至2013年我国有近4.4亿网络游戏消费群体，可是真正从事网络游戏制作人员还不到44000人，业内人士指出我国网络游戏业有近35万人的短缺，但是蒙古国的网络游戏的消费群体数量较之中国还是少的。蒙古国的动漫产业发展较慢，对比来说，蒙古国从事网络游戏的人员的整体素质也不高，很多都是凭着自己的爱好自学而来，没有经过专门的培养，这也是动漫产业发展相对滞后的重要原因。

波特认为，产业发展的核心是形成产业链，而产业集聚目的就是把产业上游的研究开发、中游的生产制造、下游的市场营销及衍生品开发汇聚在一个比较集中的区域或者形成较长的产业链条，发挥出产业集聚的效应，使得整个行业都处于一个良性发展轨道上。本章根据蒙古国和中国的文化产业实际情况，通过对中蒙两国的文化产业发展现状和国际地位比较分析，并运用价值链的理论来比较两国优势，发现中蒙两国的文化产业发展存在很大差距。首先，从内容创意方面来说，中国的文化产业优势更为明显，而蒙古国的内容创意较为单一；其次，从市场推广方面，蒙古国的市场推广能力较弱，中国在市场营销和推广能力方面占有一定的优势；再次，从文化产业的形式来看，蒙古国的文艺演绎形式多种多样，并具有独特的民族气息，是其优势所在；最后，从蒙古国和中国文化产业的国际地位比较分析中可以看出，蒙古国的文化产业在国际上的地位优势较为不显著，因为从文化产业的市场营销推广方面来看，蒙古国处于劣势地位，这也是蒙古国文化产业地位不高的主要原因之一。同时，蒙古国悠久的历史和文化传承，更应该为其文化产业地位增添光彩，这也是蒙古国和中国进行文化交流的主要方向之一。因此要实现两国的文化产业交流与合作，就应该发挥各自优势，取长补短，并通过两国的文化产业融合机制来提升两国的文化产业发展速度以及带动经济快速发展。

第六章

中蒙文化交流与文化产业合作的战略构想

近年来,中国和蒙古国文化交流与合作日益热络,形式丰富多样,成果不断显现,国际社会关注度大大提高。2014年8月,习近平主席访问蒙古国期间,与蒙古国总统发表联合宣言,将中蒙两国关系提升为全面战略伙伴关系,这不仅开启了中蒙两国关系的新篇章,也给中蒙文化交流与产业合作带来新的机遇。中蒙文化交流与文化产业合作不仅是落实中蒙两国全面战略伙伴关系的必要环节,同时也是中国"一带一路"发展战略在文化产业发展领域里的必然延伸,是中国文化市场对外开放的必然结果。中蒙文化交流与文化产业合作战略是中国文化"走出去"战略的重要组成部分,它需要相关联各部门统筹协调,其内容也会随着形势的发展而得到不断丰富完善。

一、中蒙文化交流与文化产业合作的战略目标

当今时代,战略已成为国家发展中最具活力和决定意义的主题词。能够明确提出将文化发展作为一项战略,是一个国家在文化建设上成熟和自觉的表征。文化产业发展上升到国家战略高度,离不开中国经济崛起的语境,尤其是中国经济社会发展全面转型及其变革。国家间文化交流与文化产业合作不仅是为了满足本国经济文化建设的需要,更是对一种新的战略资源的掌握。任何战略规划的本质都是重建人与对象的关系,战略规划是一个体系,是一个人与社会和自然相互关系的体系。能否和在怎样的意义上再建人、社会和自然的合理关系就显得极其重要。文化产业发展规划与其他产业发展规划最本质的区别是它的精神性和精神的关系性,即重建人与社会和自然精神关系和精神秩序。从这个意义上说,中蒙文

化交流与文化产业合作战略不仅要服务于区域经济发展的大局,还要着眼于整体的国家战略,为我国的国际文化战略竞争提供战略力量与合成形态,同时还必须肩负起文化精神传承的特殊使命。因此,我们必须全面深刻理解中蒙文化交流和文化产业合作战略的定位和目标。

(一) 远期目标

中蒙文化产业合作以"弘扬优秀中华文化、推动中华文化现代化、促进中蒙两国文化和谐相处"为其远期目标。中华文化是世界文化的重要组成部分,尤其作为中华文化重要组成部分的草原文化,更是中蒙文化交流与文化产业合作的桥梁和纽带。在当今世界"全球化"的背景下草原文化现代化已是大势所趋。中蒙文化交流与文化产业合作战略应以弘扬优秀草原文化为重点,以促进草原文化现代化为着力点,以促进中蒙优秀文化相互交融为主旨,最终为中蒙两国建立发展全面战略伙伴关系创造良好的舆论环境、夯实民意基础。

(二) 近期目标

准确的文化产业发展战略定位是文化产业可持续发展的基础。只有找到了文化产业的准确发展定位才能充分利用优势文化资源,进一步促进文化产业的良好发展。因此,制定一项符合中蒙资源禀赋、比较优势,与两国经济发展相协调,并且体现民族文化特性的近期战略目标是十分必要的。中蒙文化产业合作应以"构建草原特色文化圈,培育草原文化产业体系"为近期目标,力争在"十三五"期间形成两个文化产业发展的新格局:一是以"草原丝绸之路经济带"为依托、以文化产业体系建设为主旨的发展新格局,一是以科技驱动为主导的文化产业发展新格局。

由于历史原因,中蒙两国文化交往存在着一些不利因素。就中蒙贸易的现状看,中国的对蒙投资过分集中在矿产领域,而大部分矿产品未进行任何加工直接出口到中国。这样的投资结构不但引起蒙古国政府及知识界精英的担忧,而且直接引发了蒙古国民众的普遍不满,认为中国只想得到廉价的矿产资源,而没有顾及蒙古国的可持续发展。① 因此,像蒙古国这样强调民族文化独立性的小国在面对强势文化时必然抱有高度警惕。在这种情况下,现阶段的中蒙文化交流与合作不应急于凸显强盛的大国形象,而是应以塑造具有亲和力的、温柔敦厚的国家形象为主要目标,"和而不同"的文化理想原本就是中华民族传统文化的精髓所在。

---

① 图门其其格,王悦欤. 中蒙经贸合作的现状、问题及对策 [J]. 财经理论研究, 2013 (4).

(三) 实现目标的前提

杰姆逊在对"后现代主义"文化逻辑的概括中有一个非常著名的说法："The becoming cultural of the economic and the becoming economic of cultural"，即经济的变成文化的，文化的变成经济的，也就是说："经济的因素融于文化，而文化的因素融于经济，它们在彼此对方的领域实现了自己。"① 全球化时代，市场经济的商品生产过程与产品持续增加的文化内涵之间的互相交织作用越来越明显。当前，利用经济手段促进文化交流与文化合作已经成为国际间文化交往的主要途径。同样，中蒙文化交流与合作也必须依赖经济途径。可以说，发展文化产业是传播草原优秀文化的最佳手段之一。文化产业是依托现代传播方式而产生的产业，在数字化、网络化等传播手段的拉动下，其信息量、传播速度和广度是历史上任何介质或载体无法比拟的。草原文化借助文化产业的平台，其影响力无疑会得到进一步提升。此外，文化的生命力原本就在于它所具备和产生的现实功能，文化只有在经济社会发展中发挥其应有的作用，才会焕发出勃勃的生机。

中蒙两国的经济发展水平以及历史文化资源不尽相同。但双方并不缺乏产业合作的基础。草原文化历史的悠久性、创造主体的多元性、风格的差异性、与时俱进的鲜活性，使之符合当代国际文化市场寻求产品差异化、特色化的趋势，成为文化产业开发用之不竭、取之不尽的资源宝库。诸多的历史事件、历史人物、物质文明成就、特色鲜明的风土人情，均已成为文化符号。依托这些资源开发的文化产品，必然具有巨大的市场吸引力和号召力。

现阶段，中蒙文化产业合作首先要实施市场开发工程，培育文化消费市场。近年来双方的合作实践表明，消费者对草原特色的文化产品有较高的关注度，市场有较强的需求。但现在显然缺乏有计划的消费引导，市场化的定位产品开发尚处于自发阶段，未能生产出引发市场关注的热点组合性产品，草原文化产品的丰富性、系统性对消费者而言仍处在朦胧阶段，市场的消费冲动无法获得明确的指向。因此，要通过两国政府的引导，企业的有序配合，在丰富文化产品供给的同时，借助各类媒体以及国内外大型会展平台，有计划地宣传草原文化优秀的内涵和丰富的内容形式，培育和促进市场的消费需求，用绿色、开放、豪迈、特色、多彩的草原文化打动人心，激发消费渴望，使之成为国内外文化市场的消费时尚，为草原主题文化产业的发展营造良好的市场氛围。

其次，开发以草原文化品牌为核心的产业链对于中蒙文化产业合作至关重要。产业链形成的理论基础是社会的不断深化与细化。具体到文化部门，产业链

---

① 张旭东. 全球化时代的文化认同 [M]. 北京：北京大学出版社，2006.

有纵向上的裂变,有专门从事文化产品创作的,有专门从事文化产品传播的,还有专门从事文化技术研发的;也有横向上的分割,有从事影视产业的,有从事图书音像出版的等。市场规模的扩张促使分工细化,提高了文化生产的专业化水平,推动文化产品的品种和数量快速增加,从而推动国民经济的增长。中蒙文化产业合作应充分发挥两国政府的宏观调控作用,融合资源,集中优势,面向市场,实施品牌工程。双方突出创意优先、高科技项目优先、产权项目优先的原则,将产业链延伸潜力作为主要评价标准,确定中蒙合作重点龙头项目和近中期实施步骤,围绕品牌项目,实施各产业部门联动,通过整合优势弥补市场主体和人才方面的弱势。争取用5~10年的时间培育多个特色鲜明、效益显著、初具规模的文化产业集群,占领国际草原文化主题产业的高地。

最后,中蒙文化领域的合作最终是要参与到国际文化市场的竞争当中去的,而强化文化产业的国际竞争力必须依靠科技创新和文化创新的"双轮驱动"。文化产业属于智力密集型产业,智力和科技的融合代表着文化产业的发展趋势。创意是文化产业的灵魂,文化产品的产生通常要经历四个阶段,即市场研发—资源解读—产品创意—产品生产。中蒙两国迫切需要建立"产学研"相结合的机制和平台,整合双方的文化产业研究部门,协商建立组织架构,采取市场化运作方式,以专项课题为纽带,面向国际聘请专家团队,对中蒙两国文化产业合作中的宏观问题进行研判,使研究部门成为两国政府和文化产业发展主体的专业化智囊团、创意产业的孵化器和高端信息平台。

二、中蒙文化交流与文化产业合作的战略布局

中蒙加强文化产业合作是中蒙全面建设战略合作伙伴关系的内在要求。党的"十八大"以来,以习近平为总书记的新一届中央领导集体着眼全局,创新性地提出了共建"丝绸之路经济带"战略构想。蒙古国是具有重要地缘战略意义的国家,"中蒙俄经济走廊"是"丝绸之路经济带"建设的重要组成部分。中国提出的"一带一路"战略设想得到了蒙古国方面的积极回应,2015年9月夏季达沃斯论坛上,蒙古国总理表示,希望蒙古国能够借助"丝绸之路"发展同周边国家的友好关系,同时使这个世界上不同国家的财富得到更好的分配。"国之交在于民亲",中国一贯奉行"与邻为善"、"睦邻、安邻、富邻"的周边外交基本方针,而"民亲"、"邻睦"主要是通过文化交流与合作促成的,双方的文化认同是开展全方位合作的基础。因此,中蒙文化产业合作应当抓住机遇,认真贯彻

国家"一带一路"战略构想,切实找准自身在国家"一带一路"建立中的战略定位,努力融入国家"一带一路"建设规划。

通常我们讲文化产业的构成时,把传统的以提供出版发行、广播影视、文化艺术等服务产品的产业看作文化产业的核心层,把以提供网络文化、文化休闲等服务产品的产业看作外围层,把以提供文化用品、设备及相关文化产品的生产和销售的产业看作相关层。当前,国内一些文化产业发达的城市和地区,文化产业核心层的作用逐年减弱,实现增加值占文化产业比重逐年减少;外围层的发展总体趋向平稳;相关层日渐成为主体,实现增加值占文化产业的比重接近50%,这与我国现阶段文化产业的发展水平是相适应的。但是,中蒙两国在资源禀赋、比较优势、目前的经济发展水平以及民族文化特性等方面都存在较大差异,认为仅依靠某种先进的商业模式就可以实现文化产业跨越式发展的思路对中蒙文化产业合作是不适合的。

根据文化产业发展的一般规律以及中蒙两国文化产业的发展现状,中蒙文化产业合作应以增强两国政治互信,促进经贸合作为目的,立足中蒙两国独特的草原文化资源,充分利用内蒙古自治区的地缘优势,打造草原文化产业体系。中蒙文化产业合作战略的合理布局应该以目前市场化程度较高的文化旅游业、影视业(含动漫)为突破口和龙头,演艺、出版、报刊、会展业跟进,以中蒙两国教育、影视合作为重点,构建中蒙文化交流与文化产业合作"大分散、强集聚、网络化"的新格局。中蒙文化产业合作要形成"一轴两翼五圈"的发展主线。

"一轴"。沿纵贯中蒙俄南北向的"茶叶之路",构成以城市为中心点的草原文化展示轴线,北京—二连浩特—乌兰巴托轴线依托内蒙古自治区经济发达的呼包鄂地区和文化产业发达的京津冀地区,形成以精品旅游和大型展会为中心的草原文化展示带。

"茶叶之路"名气和影响在中俄蒙三国不断扩大,俄、蒙两国政府对其旅游项目开发已进行多年。中国的内蒙古自治区、蒙古国的乌兰巴托以及俄罗斯的后贝加尔斯克、乌兰乌德、伊尔库茨克这"三国五地"已为"茶叶之路"的旅游合作召开了两次联席会议。2015年5~9月,二连浩特市发起中蒙俄"重走茶叶之路"的活动,具体路线为北京—乌兰巴托—贝加尔湖—伊尔库茨克—新西伯利亚—叶卡特琳堡—喀山—莫斯科。通过此次活动的开展,将再筑"茶叶之路"商业经济的繁荣,促进国际贸易合作;加强区域旅游资源开发、保护和利用,共同打造"茶叶之路"国际旅游品牌;加深亚欧文化的传播与交融,增进世界各地彼此了解,深化传统友谊;促进周边地区在文化、体育、旅游等方面广泛交流。

"两翼"。东部以满洲里、海拉尔、阿尔山等城市为中心的,融都市生活、民俗文化、体验经济、演艺娱乐等多种功能于一体的文化集聚带；西部以鄂尔多斯、包头、临河为重要支点的音乐舞蹈、服装、工艺品及民俗特色文化产品开发带。前者向内背靠我国东北三省，与东北老工业基地和环黄渤海经济圈经济活动联系密切，经济腹地辽阔，消费市场空间巨大；向外连接着资源丰富的俄罗斯和蒙古国，并通过俄蒙陆路与欧洲大陆实现相互连通。后者向西经宁夏、青海与新疆丝绸之路相连，民族传统文化底蕴深厚。

"五圈"。一是以草原牧场为基地的"生态旅游圈"。产品的战略定位，就是要找到一个产品最权威的特性，借以同其他产品区隔开来。中蒙文化交流与文化产业合作的战略定位必须体现鲜明的民族文化特性，把双方的文化产业合作同"夯实两国关系的民意基础"这一国家战略协调起来。"草原生态旅游圈"是较为宽泛的概念。从地理空间上看，它包括蒙古国、中国内蒙古自治区和中国东北及新疆的部分地区。从旅游产业的布局来看，主要是利用我国东北兴安岭地区和内蒙古自治区东部锡林郭勒盟、呼伦贝尔的森林草原资源，打造北疆草原"新丝路"，重点推进阿尔山、额布都格和阿日哈沙特三个口岸旅游通道建设；中蒙旅游业合作要形成一个统一的大旅游整体。以呼包鄂旅游经济圈、呼伦贝尔大旅游圈、赤通旅游圈三大主体旅游圈为依托，加强中蒙边界城市之间的沟通协调形成统一联动的旅游链，构建中蒙旅游聚集区。一方面，要采取共通合作模式，通过共建旅游大通道，推进东北地区、中蒙边界地区无障碍旅游，实现旅游开发和旅游营销（旅游整体形象、旅游产品开发和旅游促销）一体化；另一方面，应采取产权式合作或联盟式合作模式，以三省一区的大型旅游企业为龙头，通过兼并、战略联盟、参股、控股等形式整合旅游资源，共同打造中蒙大旅游圈。

二是以"那达慕"大会为主要内容的"蒙古族节庆活动文化圈"。"那达慕"大会是蒙古游牧文化的重要组成部分，搏克、射箭、赛马为核心内容的"男儿三艺"是其象征性符号。"那达慕"大会是游牧文化的精华，也是蒙古民族节庆的主要仪式。此项活动在中国内蒙古、甘肃、青海、新疆等地区有着广泛的群众基础，改革后的"那达慕"大会在尊重传统的基础上新添了女子搏克、飞行表演等更具观赏价值的项目。"那达慕"大会是中蒙文化交流与文化产业合作的有力抓手，不但带动了中国内蒙古自治区马文化产业的异军突起，而且还吸引了大批摄影爱好者参与，扩大了草原文化的影响力。如今，它已经从单纯的民族体育比赛发展成为兼有文化娱乐、艺术欣赏、信息交流、经济贸易等内容的多功能的节庆活动。文化产业空间布局的规律就是它的依附性。文化产业布局不能像有的产业那样可以远离人口聚居区，凭空形成一个产业部门或类型。这是由文化产业所提供的社会文化消费品主要是为了满足人们的精神消费需求的特殊性决定的，越是人口聚居的地区也往往是文化产业布局的集聚区。因此，民族特色文化圈从空间分布上,应以呼和浩特、鄂尔多斯、乌兰巴托、呼伦贝尔等基础设施较为完善、有成功举办国际"那达慕"大会经验、人口密集经济较为发达的城市为重心,向周围辐射,以点带面,扩散发展。

三是以民族音乐、舞蹈为核心的"文化演艺娱乐集聚圈"。音乐、舞蹈是草原文化的重要组成部分,蒙古族的民间音乐,无论是民歌、说唱音乐、歌舞音乐和民族器乐都具有鲜明的民族风格。根据产业集聚理论,大量产业联系密切的企业在空间上的集聚,会在竞争和合作中获得强劲、持续的竞争优势,产生集聚效应、共生效应、协同效应、区位效应以及诸多衍生效应。中蒙两国应在北京、乌兰巴托、呼和浩特、鄂尔多斯、哈尔滨等重点城市推进草原民族演艺聚集区建设。文化演艺娱乐集聚圈适合多中心发展模式,如果产业生存空间过于狭窄,就必然引发和导致恶性的市场竞争。演艺娱乐集聚圈建设应以打造演艺品牌为核心,以剧院、娱乐场所为辐射区域,形成演艺文化辐射平台,积极推动各类演出场所与文化旅游娱乐资源融合集聚,形成一些有广泛影响的、标志性的特色演艺文化集中地。同时,借助产业关联性,强化共生效应,依托地方文化体制改革,实现演艺院团链接式的"利益捆绑"式开发。通过多个城市的产业联动,把原本彼此相互独立的个体变成相互关联的结合体,共同塑造融合草原文化演艺作品与现代艺术演艺精品的超级演艺文化圈。中蒙重点城市间的演艺业合作要力争高起点,吸引国际知名艺术家演出。通过演绎标志性文化主题,树立起国际知名的草原文化品牌。

四是以草原文化为主题的"影视文化圈"。构建以呼伦贝尔、锡林郭勒为中心的草原影视基地。呼伦贝尔草原的金帐汗蒙古部落景观,由于再现了当年成吉思汗行帐的全貌,近几年来吸引了来自法国、日本、德国、中国台湾、俄罗斯等地区的影视剧组。锡林郭勒不但具有构建影视基地的自然条件,而且距离北京这样的国内大型影视剧生产制作中心较近,易于产生轰动效应。2014年电影《狼图腾》的上映不仅对草原旅游起到了显著效果,而且也引发了更多人关注草原文化。2015年天创影视集团投资15亿元在锡林郭勒建设多伦天创影视文化产业园,总占地面积1020亩,该项目目前已列入文化部国家重点文化工程,将会成为与南方横店齐名的北方文化影视产业园。

2012~2013年蒙古国政府修订了新的文化政策,拟定了"电影法草案",在政府的"文化法"和"蒙古国政府特殊基金法"中,已把拍摄纪录片纳入政府资助项目,对发展电影创作、跟蒙古国历史有关的事件和历史编年相关的纪录片创作以及国家订制的故事影片和纪录片进行资助。蒙古国政府已经意识到增加文化产品投入,特别是投资电影产业并为之提供税收优惠可成为文化领域内财富积累的基础,并能在未来获取高额利润。中国影视企业应该抓住机遇,主动采取联合制作、项目合作、合资经营、委托经营等灵活多样的方式，充分发挥我国资金充沛、市场广阔的优势与蒙古国影视界进行合作。

五是以蒙古民族文化为主导的民族工艺品制造圈。蒙古族传统工艺美术历史悠久，技艺精湛，品种繁多，在世界工艺美术史和文化艺术史上独树一帜。由于多元文化的强烈影响，加之明、清以来蒙古高原的特殊历史环境，使得蒙古族传统工艺美术原材料来源复杂、工匠流动性大、生产规模小、工艺延续性差。随着游牧生活方式式微，蒙古族传统工艺美术的民俗学背景快速消失，使蒙古族传统工艺美术的审美依据模糊。因此，中蒙文化产业合作要在现有基础上重构蒙古族传统工艺美术分类体系。蒙古族传统工艺大致分为六类，鞍马用具、服饰、建筑、饮食用具、游乐用具、宗教用具。其中，有的属于非物质文化遗产，需要政府加以保护，有的可以按照市场需求推进产业化进程。对于部分市场适应性强的民族工艺品，产业化过程中应从工艺、结构、品种、材料等方面进行改造，使之重现活力。中蒙文化合作特别要推动蒙古民族工艺集群差异化发展，应结合传统工艺美术产业的分布特点和旅游景区的建设，合理规划，构建特色鲜明的产业市场体系。蒙古民族工艺品产业应借鉴赤峰市和阿拉善盟赏石业的发展思路，从而形成从选料、雕刻、鉴赏、收藏到销售的完整产业链。

三、中蒙文化交流与文化产业合作的重点工程

中蒙全面战略伙伴关系的确立将对两国关系未来发展和东北亚相关国家关系带来重大影响。中蒙两国战略伙伴关系的纽带是经贸领域的合作，目标是深入推进两国政治领域的互信，基础是人文领域的交流。《中蒙建立发展全面战略合作伙伴关系联合宣言》（以下简称《联合宣言》）中明确提出："双方建立两国青少年互访交流机制。自2015年起的5年内，中方每年邀请100名蒙古国青年访华，蒙方每年邀请50名中国青年访蒙。今后5年，中方将向蒙方提供1000个培训名额，增加提供1000个中国政府奖学金名额，邀请250名蒙古国新闻媒体代表访华。""双方今后继续相互举办文化周活动，加强文化艺术交流，巩固两国友好关系。""双方支持在本国发展汉学、蒙古学研究，将继续加强两国民族文化、语言、传统、历史、艺术、体育、传统医学等领域交流合作。"中蒙文化交流与文化产业合作理应抓住机遇，着力打造五大文化产业合作的重点工程，并以此为抓手深化两国人文领域合作，更好地服务和支撑国家发展战略。

（一）构建中蒙全媒体文化传播平台

在互联网时代，依托两国新媒体之间的合作来进一步增进中蒙两国人民之间的相互了解、增信释疑、促进友好关系，加强交流与合作是十分必要的。中蒙全面战略伙伴关系为中蒙新媒体战略合作发展、建设国际传播体系提供了坚实的基础，全媒体时代的到来又给中蒙新媒体合作发展提供了新机遇。中蒙两国新媒体合作的首要任务是共建内容采集，实现资源共享。要紧紧依靠互联网技术，通过新媒体合作，建立多种传播途径，实现采编互通，达到整合内容、多元传播的目的。

中蒙新媒体合作平台的搭建至关重要。中方应以内蒙古自治区为中心，以内蒙古日报社集团为试点，全力以赴开展全媒体平台建设，力求达到汉文、蒙文及斯拉夫蒙古文三大全媒体平台建设的目的。从2008年开始，内蒙古日报社每年派记者赴蒙古国进行采访，向中国读者展示蒙古国的人文地理、自然风貌、风土人情，同时每年接待几批蒙古国各种媒体组织的采访团，从而建立了很好的新闻合作关系，这是建立新媒体采集互联互通的现实基础。在广播电视业领域，内蒙古电视台蒙古语卫视频道覆盖全国及澳大利亚、俄罗斯、蒙古国、新西兰等53个国家和地区，在蒙古国和俄罗斯的布里亚特共和国落地入户受到欢迎。内蒙古广电局与蒙古国企业合资兴办的桑斯尔有线电视公司，连续两年被评为蒙古国百强企业和纳税优秀企业，是蒙古国用户数量最多、影响力最大的有线电视公司。内蒙古广播电视信息网络有限公司与俄罗斯布里亚特共和国贝加尔有线网络公司，就共同建设乌兰乌德市有线电视网络等事宜达成协议，已开设28个频道，用户超过10000户，前景和效益都很可观。

按照"大数据"时代的先进理念，中蒙双方应加强信息资料数据库建设，通过改进服务理念来满足多语种新媒体以及用户对资料信息服务的需求，实现新闻资源全方位的整合与共享。中蒙可以联合开发以满足新闻信息资源整合共享为出发点的、面向市场的多媒体数据库产业，相互提供数据服务，达到合作双赢。内蒙古大学计算机学院研发的"新旧蒙古文转换软件"，初步实现了回鹘蒙古文（方正版）和斯拉夫蒙古文相互转换，内容转换正确率达到97%左右。目前，内蒙古日报社所属索伦嘎新闻中心实施的"索伦嘎新闻网升级改造"项目正在按照全媒体建设规划，与蒙古国 Mglnews.mn 网站、Sodon Solution 网络公司合作，充分利用中国移动互联网技术和蒙古国斯拉夫蒙古语互联网技术，共同研发建设"索伦嘎新闻网升级改造"全媒体项目。

（二）构建中蒙影视文化产业合作平台

包括电影、电视剧和影视动画及其衍生产品、延伸产业在内的影视产业属于文化产业的核心层，在中蒙文化交流和文化产业合作中扮演着重要角色。中国电视剧进入蒙古国的时间较早，在蒙古国拥有很大的市场，《还珠格格》、《西游记》、《成吉思汗》、《李小龙》等中国电视剧都曾在蒙古国热播过。2009年10月，为庆祝中蒙两国建交60周年，蒙古国TV9电视台在黄金时段翻译播出了中国电视剧《我的丑娘》，在蒙古国观众中引起强烈反响，该剧在蒙古国各电视频道播出的电视剧中一直保持收视率第一。蒙古国TV9电视台已经与中国内蒙古自治区电视台签署了合作协议，计划引进更多中国电视剧和纪录片。蒙古国的电视剧制作水平目前还比较低，引进的国外电视剧在蒙古国荧屏上的呈现方式，还处于找人翻译后加字幕的阶段，没有配音和解说。中蒙《联合宣言》承诺"双方将进一步在影视剧节目制作、播放、交流等方面加强合作。中方今后5年将向蒙方免费提供25部中国优秀影视剧译作"。

搭建中蒙影视合作平台，要探索影视产业基地式跨越式发展新路。影视产业的发展非常适合基地式发展，这是有其独特规律的。影视产业作为文化产业发展的重点产业和突破口，要实现跨越式发展，单靠培育多元主体是不够的。依靠类似乡镇企业那样星罗棋布的中小企业发展影视产业，短期内很难实现跨越式发展。影视文化产业的发展具有横向联合和纵向一体化趋势，它倾向于人财物的集聚。中蒙影视产业合作必须重视大型影视拍摄基地建设，只有如此才能拉长影视产业链，提升产业发展水平。优质的固态要素集聚必然吸引优质动态要素的利用。例如，自然景观拍摄基地与人工景观拍摄基地相结合、实景拍摄基地与高科技制作设施相结合等，形成了具有鲜明特色与强大优势的拍摄基地。与此同时，基地影视制作业的发展又必然带动设备器材、服装化妆、道具等制造业租赁业和灯光、置景等工程建设业的发展，带动专业或群众演员提供、影视后产品创意设计与生产、演职员生活服务等相关产业的发展，从而形成更具投入产出效益的集约化规模化优势。

从内容生产的角度看，中蒙影视合作平台的构建需要更多具有国际化视野的编剧、导演、演员、摄影、营销等人才，他们能够将民族文化的丰富资源转化成世界共同的故事、共同关心的主题，减少草原文化主题的影视产品进入国际市场的"文化折扣"。影视产品出口蒙古市场前，要进行语言配音，在听觉上消除他们的语言障碍，通过影视配音的听觉亲和力，吸引主流消费群。此外，应该邀请细分领域的专家就中蒙各个细分市场从消费者特点、文化背景、产业环境、政策法规等方面进行深入的介绍和交流。中蒙双方要互建发行渠道，由影视文化企业自己组建专业的海外发行公司。

（三）构建中蒙会展博览业合作平台

会展博览业具有高效性、集聚性、互动性、联动性的特点。一次会展活动的举办能够吸引大量的参展商和观众,从而刺激商品和劳务的消费需求,推动商业、服务业的发展。每次大型会展活动的展开,决定了必须要为参展商提供产品展示、交流研讨、新闻资讯、餐饮、住宿等一系列服务,这样就必然会增加举办地区的旅游业、酒店业、保险业、物流业等产业的需求,刺激这些行业的发展。大型会展活动的成功开展还需要举办地的交通、运输、电信等基础产业的配套支持,所以也相应地促进了举办地区整体综合经济的提升。近年来,我国会展业出现了两大趋势,一是培育品牌化的展会、突出地域特色成为风尚,二是会展举办地由大城市向中小城市转移。这两大趋势对中蒙会展业合作释放了积极的信号。

从已掌握的资料中我们不难发现,目前理论界还没有对中蒙会展产业合作的经济带动效应问题进行专门研究。繁荣的对外贸易往往是会展业长足发展的前提,中资在蒙古国投资自2005年开始急增,目前占蒙古国外资总量的88%,而中蒙会展业的发展却不能适应新的形势。事实上,内蒙古自治区几大城市如呼和浩特、鄂尔多斯和包头都具备了主办大型展会的相应条件,随着场馆设施的不断完善,专业化、国际化应是内蒙古会展业努力的方向。如果内蒙古自治区觉得本地最大最好的展会的国际程度不够,就应该把它拿出来招标,与国外管理公司合作,提升它的国际化程度。之后再把它作为城市展览业的名牌,通过这个名牌来扩展相关的展览,逐渐形成一个大平台。双方的合作在最初的几年,政府必须大力支持,等到品牌建立之后,再交给企业运营。会展业的发展要依托资源优势、产业优势、区位优势、市场优势和政策优势五要素,这些要素并非全部必备,只要兼具一二即可。中方应在内蒙古自治区呼包鄂地区发展会展博览文化产业集群,依托呼包鄂地区的场馆优势和基础设施,大力发展特色化、品牌化的展会经济。呼包鄂地区的会展事业现已初具规模,前后举办的几次大型的煤炭能源会展和食品包装会展吸引了许多国外的人员前来参展、观展,社会反响热烈。中国民族商品交易会暨收藏品工艺品珠宝饰品博览会连续3年被国家财政部和商务部列为重点支持的大型展会。而蒙古国乌兰巴托市米歇尔展览中心的工程机械、矿山机械、食品与畜牧业展都已达到国际水平,因此,双方今后的合作应朝着品牌展、特色展的方向发展。

(四) 构建中蒙教育、出版发行业交流合作平台

文化教育是促进国家间交流的重要渠道,特别是蒙古国与我国内蒙古自治区接壤,具有地缘、族缘甚至亲缘的特殊关系,有着交流与合作的天然优势。通过国家间的教育交流和文化活动,对促进国家层面的战略合作具有重大战略意义。

自1996年,中蒙双方签署《中蒙1996~2000年教育交流与合作计划》以来,中蒙两国高校间交流合作机制逐渐完善。1996年,蒙古国科教部部长图木尔奥其尔访华，双方签署了《中蒙1996~2000年教育交流与合作计划》。1998年，中蒙签署了《中华人民共和国政府和蒙古国政府相互承认学位学历的协定》。2000年，双方签署了《利用中国无偿援助款项培养蒙古留学生项目执行计划》。2005年，双方签署了《中华人民共和国教育部与蒙古国教育文化科学部2005~2010年教育交流与合作计划》。2008年，双方签署了《关于组织国际汉语教师中国志愿者赴蒙古国任教的协议书》。蒙古国现有20多所中小学和30多所高校开设中文课程，这些学校主要集中在首都乌兰巴托，在此学中文的人数占了全国学习中文总人数的50%以上。进行中文教学的高校多于中小学，但后者学中文的人数多于前者，特别是私立中小学学习汉语的越来越多，其中旅蒙华侨友谊学校具有40多年历史，是最早开设中文课程的学校，育才中学最早由华侨和当地人合办。这两所学校现在是乌兰巴托地区最大的两所中文学校。乌兰巴托市共有6所民办汉语学校，其他省还有2所民办汉语学校，估计共有学生2500人左右在这类学校学习。此外，内蒙古自治区教育厅批准了40多所学校可以招收蒙古国学生学习汉语，目前大约有2000人左右的蒙古国学生在中国的民族学校学习汉语。2005年中国向蒙古国派出第一批汉语教师志愿者。2008年5月，蒙古国第一所孔子学院在国立大学正式挂牌成立。同年10月，蒙古国第7次汉语水平考试（HSK）在蒙古国国立师范大学举行，600多名汉语专业的学生参加初、中、高三个等级的考试。考生通过汉语水平考试后获得的证书，可作为到中国高等院校接受学历教育的汉语水平证明。

打造中蒙教育合作平台，应从国家战略的角度，密切关注邻国的教育改革和发展，加强研究，增进了解。应该在中央教育科学研究所设立民族教育研究中心，在中央民族大学和内蒙古教育科学研究所成立蒙古国教育研究机构，增强对两国间教育交流与合作的针对性和实效性的研究。中国政府应支持与引导内蒙古自治区地区加强与蒙古国的教育和文化交流，加强对蒙古国的汉语教学，加强留学生教育，加强对蒙古国的教育援助，共同举办教育高层论坛，提高教育合作层次和质量，促进中蒙两国之间在更广泛的领域实现战略合作。

近年来，我国出版发行业实施"走出去"战略卓有成效。内蒙古新华发行集团，自与辽宁发行集团北方出版物配送有限公司签署《跨地区双赢合作实施协议》以来，大力开展同行业跨地区、跨所有制联营经销，2009年实现图书销售发货10.5亿元，产生巨大的集聚效应。该公司在蒙古国首都乌兰巴托开设了发行基地———塔鸽塔书城，并与新华通讯社非洲总分社签订合作协议，共同开发非洲地区电信增值服务业务；内蒙古教育出版社则以中蒙合资方式成立安德教育出版文化发展有限责任公司，并经过国际竞标成功获得蒙古国两种中小学教科书的编印权和发行权，初步具备较强的市场竞争力。在蒙古国汉语热的带动下，

2015年1月,由蒙古国国立大学3名教授编撰完成的《中国文化史》在乌兰巴托首发。该书主要借鉴了中国出版的历史文化书籍,是一本面对蒙古国读者、介绍中国文化的通俗入门读本,这也是近年来蒙古国首次就中国的文化专门编写书籍。

中蒙出版业合作地域局限性比较大。蒙古文图书除了在内蒙古自治区大量出版之外,全国只有几个省份出版蒙古文图书,如北京、辽宁、新疆等。内蒙古自治区虽然是蒙古文图书出版大省,但也只有内蒙古人民出版社、内蒙古教育出版社、内蒙古少儿出版社、内蒙古远方出版社、内蒙古大学出版社、内蒙古文化出版社和内蒙古科学技术出版社7家蒙古文图书出版社。这对于蒙古文图书的需求是远远不够的。两国图书出版集团应以经济、科技等意识形态成分不明显的领域为突破口,抓好国家的各种优惠政策,把中蒙出版业合作置于国家战略大局中进行思考,努力搭建合作交流平台,通过新的举措,实现新的突破。

第七章

中蒙文化交流与文化产业合作的路径

近年来，中国和蒙古国文化交流与文化产业合作日益密切，形式丰富多样，两国人文交流硕果累累，两国政府和民间积极推动经贸、科技等各领域务实合作，丰富人文交流内涵，共同拓宽了两国文化交流与文化产业合作的路径，同时，两国文化交流和文化产业的合作逐步加深也亟须两国进一步拓宽合作路径。

一、充分利用中蒙战略伙伴关系的机遇期，强化民间文化交流

近年来，中蒙两国文化交流越来越深广，进而助推两国各领域关系稳步发展。根据两国政府签订的文化合作协定、科技合作计划、教育交流与合作计划等，中蒙双方开展了多渠道、多层次、多形式的文化交流与合作。近两年，两国加强"一带一路"与蒙古国"草原之路"发展战略的对接，积极推进同蒙古国各领域全方位合作，并更好造福两国人民，政治互信不断加深，经贸合作持续升温。

从1994年开始，中蒙两国签署文化合作协议以来，每三年都有具体的交流计划。2011年，中蒙建立了战略伙伴关系，成为中蒙关系发展史上的里程碑。2013年10月，中蒙两国总理共同签署《中华人民共和国和蒙古国战略伙伴关系中长期发展纲要》。中国领导人再次表示，中国政府高度重视发展同蒙古国的关系，愿与蒙方一道，顺应经济全球化发展趋势，推动两国战略伙伴关系向前发展，主要包括三方面内容：一是增进政治互信，开展战略合作，保持高层交往势头，开展多层次宽领域高水平的交流与合作，在涉及彼此核心利益和重大关键问

第七章　中蒙文化交流与文化产业合作的路径

题上，继续相互坚定支持。二是大力开展互联互通等基础设施建设，就连通两国的铁路、公路、天然气输送、电力输送等进行统筹规划和建设。三是以大项目合作为龙头，带动经贸合作全面发展，中方支持蒙方工业园区和经济区建设，愿同蒙方探讨建立边境自贸区。2014 年，中蒙关系提升为全面战略伙伴关系。这为有计划、有步骤地推进各领域交流与合作提供了保障①。以 2014 年两国建交 65 周年为契机，实现青年交流常态化，支持两国互设文化中心，夯实中蒙关系的民意基础，不断丰富两国战略伙伴关系的内涵。蒙方将发展对华友好关系作为外交优先方向，愿深化两国战略合作伙伴关系，拓展贸易，推动双边关系长期稳定向前发展。这表明建立在睦邻友好关系基础上的中蒙关系已上升到国家战略的更高层面。②

不断巩固的地缘政治助推文化交流持续发展。中蒙两国山水相连，两国很强的地缘优势为文化合作提供了自然条件，两国 4710 千米的共同边界是和平、稳定、友好的边界，是真正意义上的邻国邻邦。中蒙之间不存在任何领土边境纠纷，也不存在重大的历史遗留问题。这为双方文化交流提供了便利的自然条件，为双方把握互信互利原则提供了保障。

中蒙关系源远流长，双方具有跨国同民族的纽带，在历史上有很多相互友好交流合作的实践经历，这些地理和历史的必然促进了当今中蒙关系的发展，成为中蒙全面战略伙伴关系的坚实基础。③ 中蒙两国互为邻国，边境两侧的蒙古民族同出一源，语言相通、生活和风俗习惯相似且有着悠长的历史渊源，在人文领域的交往具有独特的地缘优势。两国自建交以来在人文社会领域的交流虽经历一段低谷期但从未中断。文化底蕴相同的蒙古民族跨境而居，转型后的蒙古国虽然在社会制度与意识形态等方面与中国有所差别，但两国的地缘与族缘因素足以构建双方牢固的文化交流基础并使之传承下来。

对历史文化的认同为民间文化交流提供了人文基础。近年来，中蒙两国文化交流越来越深入，进而助推两国民间文化交流各领域关系稳步发展。中蒙双方开展了多渠道、多层次、多形式的文化交流与合作，除举办汉语比赛、每年派文艺团体、体育代表团互访外，两国还互派留学生，相互承认学位、学历，"汉语热"在蒙古国不断升温，中国文化中心在乌兰巴托落地、生根、发芽，正成为中蒙两国方举办文化活动、开办教学培训、提供信息服务等主要阵地。同时两国文学界加强交流合作范围不断拓宽，除了学术报告会之外，中国作家代表团还与蒙

---

① http://blog.sina.com.cn/s/blog_9fa07f830101j9tf.html.
② 王楠. 中蒙地缘经济发展路径探析 [J]. 世界地理研究，2014（3）.
③ 苏日毕合. 试析中蒙全面战略伙伴关系 [J]. 内蒙古社会科学（汉文版），2015（3）.

古国作家进行了广泛交流。①

加强中蒙文化交流,一是要政府主导,不断完善两国文化交流合作机制。国家从战略高度,将人文交流确定为对外政策的重要组成部分,同时建立健全人文交流的协调机制,将"文化周"、"文化月"、"文化年"常态化、制度化。二是加强两国教育领域的合作,通过互派留学生或访问学者、增加人文交流奖学金、派出志愿者、提供教材和设备等措施加强汉语在蒙古国的推广。三是采取青年相互交流、联欢、考察等形式,扩大中蒙青年的人文交流,增强彼此了解和信任。四是拓展中蒙民间交往的主体,积极构建全民交流的平台,扩大人文交流的广度和深度。充分发挥蒙古族文化的纽带作用,打破人文交流的领域界限,制定多元化优惠政策,吸引各类民间主体积极参与中蒙人文交流。五是通过支持两国合作研究、智库建设,共同组建学术研究机构等,加强中蒙在学术界的交流合作。六是加强中蒙两国媒体交流,建立包括广播、电视、网络等媒体协作机制,引导正确的舆论导向。

二、共同制定文化产业发展战略,强化中蒙文化领域的合作机制

中蒙合作以来,两国政府和民间组织不断制定完善战略发展规划,健全各项协调工作机制,完善组织体系,两国文化产业和文化团体之间制定的各项制度推动了两国文化产业和文化领域的合作,不断促进两国文化产业发展的制度化、规范化。

(一)从国家层面到民间交流,建立多层次的合作机制

2014年,中蒙两国关系由原来的战略伙伴关系提升为全面战略伙伴关系。同年8月,中蒙双方发布建立发展全面战略伙伴关系联合宣言,其中,人文领域合作包括文化合作、教育、科技合作、青年交流等。这些国家顶层设计为强化中蒙文化领域合作提供可能。

在战略合作的大背景下,中蒙两国部门之间着手制定文化交流合作的具体内容和方式,把战略合作的宏观指导落到实处。通过制定各种制度,形成长效机制。例如,建立两国青少年互访交流机制;相互举办文化周活动,加强文化艺术

---

① http://world.gmw.cn/2014-08/17/content_12586665.htm.

第七章 中蒙文化交流与文化产业合作的路径

交流，巩固两国友好关系；深化保护物质和非物质文化遗产方面合作，联合打击文化遗产走私，继续在国际场合相互支持；双方将进一步加强两国新闻出版交流，通过有关磋商、论坛等合作机制，在影视剧节目制作、播放、交流等方面加强合作。

蒙方继续为蒙古国立大学孔子学院、乌兰巴托中国文化中心开展活动提供支持；继续加强两国民族文化、语言、传统、历史、艺术、体育、传统医学等领域交流合作等。①"只有以诚相待，才能够在国与国之间，人民与人民之间，建立起一种相互信任，才能够取得成功。"②地方政府和民间组织的相互交流、合作是中蒙两国关系良性发展的重要组成部分，也是增进两国民间相互理解和相互信任的最为直接的沟通管道。1994年中蒙签署对两国关系发展具有政治法律基础意义的《中蒙友好合作关系条约》中明确规定"缔约双方将就发展双边关系经常进行磋商，以促进两国议会、政府机关、社会团体和地方之间关系的发展"。③

"进一步加强民间交流，让文化交流成果落地生根。为普通民众之间的交流牵线搭桥，为民间交往提供更广阔的空间和可能。此外，媒体之间应该加强交流合作，媒体记者应该多到对方的国家去进行采访，把看到的情况介绍给本国的人民，这对拉近两国民间感情有很重要的作用。"④

（二）把握机遇，树立中蒙文化交流合作的商业化理念

文化的商业化理念一定程度上加速了文化交流。文化的生存除了传统的自然传承外，要想在信息纷杂时代保护好传统文化，弘扬新兴文化，最好的选择就是文化商业化，商业化也是文化得以长久生存的有效模式，美国好莱坞和百老汇就是文化商业化集大成的典范，文化的商业化不仅使好莱坞和百老汇经久不衰，还直接导致美国出台新的艺术文化政策，使文化自由度大增，文化的商业化还极大地强化了美国向世界推广美国式民主、美国综合国力和输出软实力的资本。

要积极推动民族、非遗等传统文化商业化。民间工艺品，它们作为显示古文化形式与原始宗教观念的民间美术品，仍然保留着上古时代的原始文化形态。绚丽多姿的剪纸，已融入了当地大量的人文景观、风土人情，文化含量丰富，历史

---

① 中华人民共和国和蒙古国关于建立和发展全面战略伙伴关系的联合宣言［N］．人民日报，2014 – 08 – 22．
② 人民网．原驻蒙大使高树茂谈中蒙关系［EB/OL］．http：//live．people．com．cn/bbs/note．php？id = 24100526192224_ ctdzb_ 062．
③ 新华网．李克强同蒙古国总理阿拉坦呼亚格举行会谈［EB/OL］．http：//news．xinhuanet．com/world/2013 – 1/25/c_ 117878936．htm．
④ 中国新闻网．蒙古国前总理巴雅尔：中蒙应加强民间和媒体交流［EB/OL］．http//www．sina．com．cn，2011 – 09 – 25．

传统古老,地域风情突出,寓意内涵丰富,技艺精湛高超;蒙古长调、蒙古马鞍手工制作、刺绣、玻璃画和烙画、树叶剪刻、葫芦画……

2010年3月27日,中蒙两国共同签署了"关于保护非物质文化遗产合作谅解备忘录",双方在共同保护非物质文化领域展开合作。在两国政府的共同努力合作之下,同年11月18日蒙古族的"呼麦"(喉音演唱艺术)和"蒙古那达慕"被联合国教科文组织收录到"人类非物质文化遗产名录"中。边境两侧的蒙古族在文化传承、风俗生活习惯等方面有许多相似之处,这成为两国文化交流的便捷平台。如何在现实条件下,更有效地保护、继承这些优秀的传统民俗文化,成为人们关注的焦点。民俗商业化不失为一个有益的启示。民俗市场示范的作用值得重视,一旦这些艺术大师的手艺成为"发家致富"的有效手段,文化传承问题自然能够得到很好的解决,其经济效益也能够吸引更多的民众投身于各民族民间文化的资源保护与产业开发。在对民俗文化的开发和市场化中,应该坚持审美和使用相结合,在继承传统的基础上,予以创造性的开拓,从而完成民俗文化向现代商品的转化。①

但是文化商业化要把握好度。如果文化与商业结合有度,这将是一种双赢的局面。但是,如果文化产品的精神属性越来越被忽视,"过度商业化"愈演愈烈,则会导致价值失范、信仰崩解、金钱崇拜与娱乐至上的风潮相伴,使许多人精神空虚,偏爱感官刺激。丝毫不考虑文化产品的精神属性,一味追求商业价值,唯利是图地攫取文化市场的超额利润。"过度商业化"迎合人性中普遍存在的低层次欲望,把古今中外各种文化的糟粕汇于一笼,打着"怎么都行"的旗号,颠覆一切权威,否定一切传统,主张玩世不恭,恶搞一切。各种文化垃圾由此催生,低俗、恶俗充斥文化生活。②必然导致文化产品的恶俗化、低级化。因此,文化产业商业化不能忽视文化产品的精神属性和教育使命。

(三)建立中蒙文化产业共同体

要整合中蒙两国优秀的文化资源,形成优势互补。中蒙两国具有共同的文化背景,从古代开始就有频繁的经济和文化往来,随着经贸相互依赖加深,关于中蒙文化共同体的学术探讨开始出现并逐渐开始引领实践。不言而喻,成立中蒙文化共同体有利于地区的安全稳定与繁荣,可以最大限度拉动经济增长,有利于增强该区域在全球化背景下的核心竞争力,提升区域竞争水平,有利于形成世界性区域文化产业中心。中蒙区域文化产业合作具有很强的互补性,既能制造输出瞄准欧美的中高端文化产品,也有能制造以亚洲新兴国家和地区为对象的文化产业

---

① http://info.gift.hc360.com/2006/03/16093118118.shtml.
② 赵士林. 过度商业化正使我们的文化遭遇灭顶之灾 [N]. 中国青年报,2011-07-28.

集群,既有日本这样创意产业强国,也有韩国这样注重与商品消费挂钩,扩散文化产业影响的较发达国家,还有中国这样拥有巨大文化产业消费潜力和市场的国家。

建立文化产业共同体,需要中蒙两国着眼于"和谐共赢",实现文化的求同存异。中蒙通过经济合作和人文等方面的交流,加强两国人民的亲近感和认同度,使其将各自的发展与对方的发展相联系,将两国关系中存在的"零和"心态转换为对"命运共同体"的期许。中蒙两国需要克服围绕建立文化共同体的历史、主导权、民族主义情绪等负面影响,树立深化文化交流不辩论主导权的大局意识,建立中蒙开放融合的区域文化产业共同体,不同发展模式可以相互合作,不同价值文化可以相互交流。

三、积极参与"中蒙俄经济走廊"的建设,加强两国文化产品与服务贸易

改革开放以来,内蒙古自治区借助上述地缘和人文优势,积极发展与俄罗斯和蒙古国的双边贸易,特别是近几年,在国家向北开放的战略方针下,内蒙古自治区加大与蒙古国的合作力度和领域。目前,两国已经成为内蒙古自治区最大的贸易和投资伙伴。

(一)把握"一带一路"战略契机,推动两国文化交流与合作

一是把握"一带一路"战略契机,推动中蒙两国文化产品与服务再升级。我国提出的建设"丝绸之路经济带"和"21世纪海上丝绸之路"是我国加强与周边国家往来的重大战略构想,无论是"丝绸之路经济带",还是"21世纪海上丝绸之路",都蕴含着以经济合作为基础和主轴,以人文交流为重要支撑,开放包容的合作理念。特别是"一带一路"将中亚、南亚、东南亚、西亚等次区域连接起来,有利于各区域间互通有无、优势互补,建立和健全亚洲供应链、产业链和价值链,使泛亚和亚欧区域合作迈上新台阶。"一带一路"在平等的文化认同框架下谈合作,是国家的战略性决策,体现的是和平、交流、理解、包容、合作、共赢的精神。

二是积极参与"中蒙俄经济走廊"建设。把"丝绸之路经济带"同俄罗斯跨欧亚大铁路、蒙古国草原之路倡议进行对接,打造"中蒙俄经济走廊"。其中突出"一带一路"战略对接是推进"中蒙俄经济走廊"建设的重要前提,对于

中蒙而言，需要加强与蒙方南部铁路网节点的联通，尤其是加强与重点矿区、省会城市的基础设施互联互通，才能更好地拓宽合作领域。突出"五通"建设是推进"中蒙俄经济走廊"建设的重要内容，就文化领域而言，沿线各国文化资源互补性较强，彼此合作潜力和空间很大，需要我们在兼顾中蒙俄共同需求、兼顾互利互惠和合作共赢、兼顾长期发展和近期计划、兼顾经济往来和人文交流、兼顾机制创新和模式创新的基础上，围绕深化人文交流合作，密切民心相通，推进以文化旅游业为重点领域的文化产业合作。

三是充分发挥中蒙口岸的作用，以沿边开发开放带为轴线，全面推进地缘经济合作，加大文化产品及服务的贸易力度。中蒙边境目前有14个开放口岸（见表7-1），初步形成了国际贸易、跨境旅游、进出口加工、能源开发转化等口岸特色产业。其中，二连、满洲里在建设"中蒙俄经济走廊"中发挥着不可替代的作用。

表7-1 中蒙边境口岸一览表

序号	口岸	位置	类型	口岸发展主要特征
1	红山嘴—大洋	新疆阿勒泰（中）—巴彦乌勒盖省（蒙）	双边季节开放口岸	易货旅游贸易
2	塔克什肯—布尔干	新疆阿勒泰（中）—科布多省布尔干县（蒙）	国际常年开放口岸	易货旅游贸易
3	乌拉斯台—北塔格	新疆昌吉回族自治州（中）—科布多省布尔干县（蒙）	双边季节开放口岸	生活用品易货贸易
4	老爷庙—布尔嘎斯台	新疆哈密地区（中）—戈壁阿尔泰省阿勒泰县（蒙）	双边季节开放口岸	出口货物主要是矿产品、建材、机电产品、面粉、果蔬等生活用品；进口主要是绒毛、皮张等畜产品
5	策克—西伯库伦	内蒙古阿拉善盟（中）—南戈壁省古尔班特斯县（蒙）	双边常年开放口岸	以国际贸易为主，以矿产资源加工增值和第三产业为辅，以边贸旅游为补充的贸易经济区
6	甘其毛都—嘎舒苏海图	内蒙古巴彦淖尔市（中）—南戈壁省汗博格德县（蒙）	双边常年开放口岸	主要过货为从蒙古国进口原煤，开设了煤车专用通道
7	满都拉—杭吉	内蒙古达尔罕茂名安联合旗（中）—东戈壁省哈腾布拉格县（蒙）	双边季节开放口岸	以进口大宗铁矿石等矿产资源为主，以依托包钢、服务宝钢为工作原则

续表

序号	口岸	位置	类型	口岸发展主要特征
8	二连浩特—扎门乌德	内蒙古二连浩特市（中）—东戈壁省扎门乌德市（蒙）	国际常年开放公路、铁路口岸	我国对蒙第一大陆路口岸，是中蒙间唯一的公路、铁路口岸。以进口原油、木材等矿产资源，出口果蔬和日用品等为主
9	珠恩嘎达布其—毕其格图	内蒙古锡林郭勒盟（中）—苏赫巴托省额尔登查冈县（蒙）	国际常年开放口岸	进口商品为原油和褐煤，出口以建材、钻探设备、家电及日用品和服装为主
10	阿尔山—松贝尔	内蒙古兴安盟阿尔山市（中）—东方省哈拉哈高勒县（蒙）	国际季节开放口岸	易货旅游贸易
11	额布都格—巴彦呼舒	内蒙古呼伦贝尔市（中）—东方省哈拉哈高勒县（蒙）	双边季节开放口岸	进口产品主要有矿产、石油、鱼等；出口主要是日用品及蔬菜、水果等
12	阿日哈沙特—哈比日嘎	内蒙古呼伦贝尔市（中）—东方省乔巴山县（蒙）	双边季节开放公路口岸	主要进口产品为矿产品，主要出口产品包括各种日用品及粮食、果蔬等
13	巴格毛都—布东毛都	内蒙古巴彦淖尔市（中）—南戈壁省（蒙）	双边季节开放口岸，暂时闭关	进口矿产资源，落地加工
14	乌力吉—查干德勒乌拉	内蒙古阿拉善左盟（中）—南戈壁省呼日门苏木查干德勒乌拉（蒙）	双边季节开放口岸，暂时闭关	拟建进口矿产资源通道

二连浩特市位于内蒙古自治区正北部，与蒙古国东戈壁省扎门乌德市隔界相望，是中国对蒙古国开放的最大公路、铁路口岸，边境线长68.29千米。二连浩特市是距首都北京最近的陆路口岸，也是陆路连接欧亚最便捷的通道。二连浩特市面对蒙古国、俄罗斯及欧洲国际市场，背靠京津唐环渤海经济圈和呼包鄂经济带，是中国向北开放的前沿阵地，也是中国重要的商品进出口集散地。近年来，二连浩特市不断加大工作力度，在"转变、调整、开放、提高"上下功夫，着力完善过货通关、物流贸易和落地加工三大功能，经济社会得到快速发展，城市功能明显增强，通关环境得到进一步改善，为构筑欧亚国际大通道打下了坚实的基础。

中国最大的铁路口岸、中国对俄罗斯最大口岸——满洲里口岸，西邻蒙古国，北接俄罗斯，享有"东亚之窗"的盛誉，是我国最大的陆路口岸和开展对俄蒙经济、贸易、文化和科技等多领域合作的重要口岸城市，是我国环渤海地区通往俄罗斯以及东欧最便捷、最经济、最重要的陆海联运大通道，同时该口岸也是一个具有百年历史的口岸。中国的丝绸之路要和蒙古国提出的草原之路进行对接，现在有一部分是依托现有的路线。

既要明确口岸功能定位，实现由注重数量向注重质量转变，区分专业口岸和综合口岸，避免同质同构竞争；又要理顺口岸腹地互动关系，积极发展"泛口岸经济"；还要提高口岸运行效率，加快推进"三互"建设。

（二）加强文化贸易等多领域合作

一是要坚持统筹发展，重点突出。将加强发展文化产业、推动对蒙文化贸易与促进经济结构调整、产业结构优化升级相结合，与扩大国内需求、改善人民群众生活相结合，促进服务业发展、拉动消费和投资增长。着力培育外向型文化企业，鼓励各类文化企业从事对外文化贸易业务，到境外开拓市场，形成各种所有制文化企业积极参与的文化出口格局。进一步发挥市场在文化资源配置中的积极作用，激发社会活力，创新文化内容和文化"走出去"模式，努力打造我国文化出口蒙古国的竞争新优势。

二是鼓励和引导国内文化企业加大内容创新力度。创作开发体现中华优秀文化、展示当代中国形象、面向蒙古国市场的文化产品和服务，在编创、设计、翻译、配音、市场推广等方面予以重点支持。支持蒙古国文化企业拓展文化出口平台和渠道，鼓励各类文化企业通过新设、收购、合作等方式，在境外开展文化领域投资合作，建设国际营销网络，扩大境外优质文化资产规模。推动文化产品和服务出口交易平台建设，支持文化企业参加蒙古国重要国际性文化展会。鼓励文化企业借助电子商务等新型交易模式拓展国际业务。支持文化和科技融合发展，鼓励企业开展技术创新，增加对文化出口产品和服务的研发投入，开发具有自主知识产权的关键技术和核心技术。支持文化企业积极利用国际先进技术，提升消化、吸收和再创新能力。

三是完善服务保障条件。尽快培育国家文化出口重点企业成为海关高信用企业，享受海关便捷通关措施。对图书、报纸、期刊等品种多、时效性强、出口次数频繁的文化产品，经海关批准，实行集中申报管理。为蒙古国文化产品出口提供便利措施。对文化企业到蒙古国演出、展览、进行影视节目摄制和后期加工等所需暂时进出境货物，按照规定加速验放。减少对文化出口的行政审批事项，简化手续，缩短时限。对国有文化企业从事文化出口业务的编创、演职、营销人员等，不设出国（境）指标，简化因公出国（境）审批手续，出国一次审批、全年有效。对面向境外市场生产销售外语出版物的民营文化企业，经批准可以配置专项出版权。加强相关知识产权保护，研究开展文化知识产权价值评估，及时提供海外知识产权、法律体系及适用等方面咨询服务，支持文化企业开展涉外知识产权维权工作。加强对外文化贸易公共信息服务，及时发布国际文化市场动态和国际文化产业政策信息。着力培养对外文化贸易复合型人才，积极引进各类优秀人才。建立健全行业中介组织，发挥其在出口促进、行业自律、国际交流等方面的作用。①

四是加快发展传统文化产业和新兴文化产业，扩大文化产品和服务出口。加大文化领域对外投资，培育一批具有国际竞争力的外向型文化企业，形成一批具有核心竞争力的文化产品，打造一批具有国际影响力的文化品牌，搭建若干具有较强辐射力的国际文化交易平台，使核心文化产品和服务贸易逆差状况得以扭转，对外文化贸易额在对外贸易总额中的比重大幅提高，我国文化产品和服务在国际市场的份额进一步扩大，我国文化整体实力和竞争力显著提升。

五是加强人文交流。人文社会科学交流是中蒙关系的重要内容。多年来，两国人文社会科学机构、两国学者共同组织了很多多边或双边的国际学术会议，共同组织了双边研究科研项目，开展了互派留学生和访问学者、专家讲学等计划，在交流图书信息资料、共同田野调查等方面也有一些进展。多种形式的交流合作，为进一步加强和深化两国学术机构之间、学者之间的合作交流奠定了基础。中国社会科学院与蒙古国科学院的交流合作一直比较密切。20世纪90年代以来双方交往更加频繁，合作领域逐步增多，既有合作研究项目，也有双方领导人互访。双方更加重视科学尤其是人文社会科学领域的交流与合作，加大两国学者之间的互访交流，围绕发展双边关系、深化人文社会科学交流，共同组织一些具有战略意义的重大学术活动和重大科研项目，加强双方文化合作，在建设丝绸之路经济带、打造利益共同体的同时，为增进双方人民之间的交往、互信多作贡献。②

四、推动中蒙"互联网+"领域建设，拓宽文化产业合作的领域和渠道

2015年两会期间，政府工作报告中提出"互联网+"的新概念，信息时代网络技术与多种行业结合产生了新的变化，也为文化产业的发展带来全新契机。

---

① 国务院关于加快发展对外文化贸易的意见[N]．中国文化报，2014-03-25．
② 梁卫国．中蒙人文交流为"一带一路"注入新活力[J]．中国社会科学，2014（10）．

2014年，互联网文化产业新业态蓬勃发展，深刻地改变着文化产业的内在结构和人们的文化消费习惯。

（一）"互联网+"助推文化产业贸易

"互联网+"代表一种新的经济形态，其核心是充分发挥互联网在生产要素配置中的优化和集成作用，将互联网的创新成果深度融合于经济社会各领域之中，提升实体经济的创新力和生产力，形成更广泛的以互联网为基础设施和实现工具的经济发展新形态。"互联网+"行动计划将重点促进以云计算、物联网、大数据为代表的新一代信息技术与现代制造业、生产性服务业等的融合创新，发展壮大新兴业态，打造新的产业增长点，为大众创业、万众创新提供环境，为产业智能化提供支撑，增强新的经济发展动力，促进国民经济提质增效升级。

"互联网+"行动的实施，将极大地推动中蒙文化产业合作和文化贸易的繁荣。一是"互联网+"可以促进文化产业的跨界融合。"+"就是跨界，就是变革，就是开放，就是重塑融合。敢于跨界了，创新的基础就更坚实；融合协同了，群体智能才会实现，从研发到产业化的路径才会更垂直。融合本身也指代身份的融合，客户消费转化为投资，伙伴参与创新。二是以"互联网+"增强文化产业创新能力。中蒙文化产业交流内容日益丰富，给人以琳琅满目之感。诸如文艺演出、综合展览、论坛交流、电影展播等各种形式，帮助蒙古国民众更加全面、深入地了解中国在经济、文教、体育、卫生等各个领域取得的巨大成就，为进一步深化中蒙战略伙伴关系作出了积极贡献。以前线下的交流在互联网时代，就应该转变到创新驱动发展这条正确的道路上来，用互联网思维重塑结构。利用互联网拓展两国在文化产业各个方面的交流。

推动中蒙"互联网+"领域的建设，可以加强中蒙文化内涵建设，增强文化产品的吸引力和感召力。内容是文化产品的核心竞争力。提高文化产品的文化内涵，通过作品更清晰有效地传播中国文化的价值，应不断提高科技含量，使创作生产适应数字化、网络化。经济结构转型升级为文化贸易提供了发展动力。文化作为以创意为源头，以内容为核心的新兴产业，具有产业带动效益强、资源消耗低、劳动密集型等特点，文化产业将进入一个高速发展时期，为文化贸易的发展提供源源不断的动力。

（二）拓宽文化产业合作领域

大力发展旅游业，建立旅游文化产业合作机制。一是加强旅游合作领域的交流与磋商，制定发展旅游合作的重大政策，建立针对跨国旅游突发事件的应急协调机制，编制旅游合作发展规划，坚持互利共赢原则、坚持突出特色和生态优先原则，双方编制一个旅游总体发展规划或行动计划，至少可共同协商在两国边境地区确定重点旅游产品和联合线路，协调大型节庆活动，构建旅游合作发展的基本框架。这将有利于在国际旅游市场上相互配合，相辅相成，提高两国旅游业总体工作效率和竞争力。二是实行旅游合作营销。双方应整合各自特色旅游资源，把各方的旅游景点串联起来，共同设计旅游线路，共同开展旅游宣传，共同开拓客源市场，实行资源共享、客源互流，并将两国文化游、自然风光游与民族风情游结合在一起，作为旅游产品向东北亚、欧美及大洋洲推销。可以"中国内蒙古自治区＋蒙古国"、"俄罗斯＋蒙古国"联线游为主，还可发挥亚欧大陆桥优势，设计连接中、蒙、俄三国的铁路沿线游。

拓宽教育等文化领域的合作与交流。一是举办中蒙教育发展论坛，作为中蒙教育发展的一种形式和平台，增强了中蒙两国教育的互信，促使中蒙之间教育的对话机制进一步健全，让教育发展的成果更多地惠及两国人民。二是积极推动现有中蒙高校联合，适应经济社会发展需要，建立多渠道筹资机制，加快两国教育基础设施和配套设施建设，大力提高教育技术手段的现代化水平和教育信息化程度。制定优惠政策，鼓励和支持社会力量以多种形式办学。

加快发展科学研究和技术服务业。加大科技体制改革力度，推动应用型科研机构、科技型服务机构、设计院所逐步转变成科技型企业，整体或部分进入企业，或转为科技中介服务机构。一是积极推进产学研结合，鼓励科研机构和大专院校的科技力量进入企业和企业集团，促进科技成果尽快转化为现实生产力。积极运用生物工程、卫星遥感、信息等技术提高农业现代化水平。二是加快高新技术产业化步伐，积极运用高新技术改造传统产业，推进产业升级和技术升级。大力发展科技中介服务机构，进一步培育和健全技术市场。积极探索新的服务领域和商业化服务形式，努力提高环保、气象、地震、测绘等专业技术服务的技术装备水平和监测预报能力。

积极壮大文化产业。一是坚持社会效益与经济效益相统一的原则，鼓励社会各方面兴办形式多样、富有地方特色的文化产业。加强市场研究，实施精品战略。积极推进文化艺术、新闻出版的产业化进程。运用资本运营等方式，突破行业、地区和所有制局限，促进文化艺术、新闻出版、广播电影电视与教育、旅游、信息等相关行业之间的互相渗透，与蒙古国相关部门和产业联合发展。二是鼓励发展信息服务业。努力发展各种信息网络服务，大力推动电子商务、远程教育、电子媒体和政府上网工程与蒙古国对接服务。积极发展国内咨询服务机构，不断提高咨询服务业的知识含量和科技含量，鼓励国内高端人才、资金进入蒙古国创办各类咨询服务企业。

五、鼓励中蒙文化领域的相互投资和合作，共同培育草原文化品牌

内蒙古自治区与蒙古国国土相连，语言相通，习俗相近，开展文化交流合作具有得天独厚的优势和条件。随着中蒙战略伙伴关系的不断加强，内蒙古自治区与蒙古国的合作领域不断扩大，文化合作也将向更宽领域、更高层次迈进。

（一）中国对蒙古国文化产业发展的优势

民族优势。自商周以来，众多北方民族先后在内蒙古大草原生息。不同民族文化、不同地域文化、不同时代文化的交流、融合与演进，造就了丰厚而独特的内蒙古草原文化。内蒙古区域内民族众多，其中部分民族与周边国家的民族属同起源、同民族、同种族，生活习性、风俗习惯相同或相似，这又为内蒙古自治区与周边国家发展文化贸易、加强文化交流合作提供了基础。

政策和口岸优势。近年来，中国和蒙古国先后作出一系列决策，出台多项优惠政策，为引导和扶持我区文化产业的快速发展营造了良好的政策环境。内蒙古自治区是我国向北开放的重要枢纽和窗口，现有一类口岸12个，二类口岸6个，为对外文化产业发展提供了更畅通的渠道，全方位、多层次的口岸开放格局已初步形成。满洲里和二连浩特市作为口岸城市发展更为领先，在中俄、中蒙文化交流中发挥出重要作用。

（二）积极发展对蒙古国文化产业的对策

充分发挥中蒙文化产业智库作用。智库肩负着服务国家"一带一路"建设的重大使命，负有行使公共外交功能，提升国家软实力的责任，也要发挥智库应有的"文明互鉴、思想交流、政策沟通"的引领作用。在中蒙文化产业合作过程中，需要通过智库联盟促进精英合作，凝聚共识、达成共识、扩大交流、务实合作，有效推动"一带一路"建设。一是通过智库之间人员交往和接触，宣传解读我国相关政策法律，充分了解彼此的政策意图和深层次问题，进而提出有建设性的意见和建议供决策参考；二是通过开展跨国议题的政策研究、国际合作、国际会议和论坛等活动，利用各种传播媒介与方式，与国外智库精英和公众进行进一步对话与沟通，使国外公众深入认识和理解中国，获取国外公众的正面观感；三是通过不同渠道以不同形式在不同场合，与国外智库和公众进行广泛接触

实现充分对接，包括文化对接、贸易对接、规则对接以及情感对接，增强本国文化的吸引力和政治影响，寻求国际社会特别是民间社会对中国立场、中国声音和中国价值的理解和支持。

树立品牌意识，打造独具特色的草原文化品牌，为文化产业"走出去"提供竞争优势文化产业，使之立足于独特的草原文化资源之上，完全可以创立有实力的品牌。一是要大力发展具有浓郁中华民族风格和蒙古民族特点的文化产品或服务，力争在蒙古国独树一帜，在弘扬传统文化的同时，又可以带动相关产业发展，创造可观的经济效益。二是推进我国文化产业规模化、产业化、科学化、可持续化，为文化产业走出国门奠定坚实的产业基础，完善政策保障体系，优化产业发展环境。加快文化产业发展的环境和政策资金保障机制建设，制定科学合理的策划方案，规范内蒙古自治区文化产业发展的思路定位、发展路径、结构布局等问题。有效落实文化产业的扶持政策，加大对文化产业发展的资金投入力度。

强化市场主体建设，夯实产业发展基础。一是将文化项目、企业和园区作为推进文化产业发展的着力点，全面推进市场主体建设。积极培育国有文化产业骨干，大力发展民营文化企业，推动文化企业多元化。深挖资源抓项目，依托资源优势搞好重大文化产业项目。深化体制机制改革，增强产业发展活力。通过不断深化文化体制机制改革，破解影响文化产业发展的体制性障碍。建立健全国有文化资产管理体制，继续分类推进文化事业单位改革。深入推动转制后文化企业现代产权制度建设，使之成为合格的市场主体。二是推动文化与金融、旅游、科技及其他产业的多方融合发展，提升产业综合效益。文化产业的发展在于创新和创意，而创新、创意正是在与其他产业的高度融合中才能实现。相关产业链条不断延伸，产品附加值才能有所提高，文化产业惠民、盈利的属性才能真正得以体现。三是多措并举，积极开展文化贸易、文化服务、文化资本、文化技术的对外交流合作。加大宣传策划力度，提升对外交流活动层次，积极向国内外推荐内蒙古自治区文化产品。加强跨国合资和合作。积极推动内蒙古自治区企业与国外文化名企的合资合作，拓宽内蒙古自治区文化产业的经营发展之路。注重以在国外设立办事处或各种文化经纪机构的形式来建立海外营销网，在谋求信息对称的同时，有效参与国际文化市场竞争。通过引进国外文化交流项目，把国外的资金、人才、科学技术和经营管理经验引进来，逐步提高我国文化产业的国际竞争力。充分发挥和利用民族优势、地缘优势及现有的经济贸易等优势，与周边国家建立密切的文化交流和联系，并扩大文化贸易，使周边国家成为实施文化产业"走出去"战略的腹地。

六、加强中蒙科技合作，促进内容产业的发展

中蒙双方在科技领域的合作由来已久，近些年来又取得了一系列重要成果。内容产业的进一步发展必将使双方的科技合作在原有的基础上产生质的飞跃，助推中蒙全面战略伙伴关系以及草原丝绸之路的发展。

（一）科技交流是中蒙两国关系互动发展的重要内容之一

科学技术是第一生产力，是当代生产诸要素中最重要的、最富有时代特征的生产要素。第二次世界大战以来，在生产国际化带动资本国际化和商品国际化进程中，科技国际化的地位和作用已日趋重要，在世界各国国民经济主要部门中起着支配地位。

第一，合作符合中蒙两国利益。1987 年中蒙两国共同签署《1987～1988 年度科技合作计划》之后，中断了 20 多年的科学技术交流得以恢复，两国的科研机构和科研团队也开始进行接触合作。1989 年蒙古国政府科技代表团访华，拉开了两国政府间科技交流的大幕。中蒙经贸和科技合作委员会成立后，双方定期举行科技合作会议并制订年度科技合作计划。2013 年 5 月 22 日，第 13 次中蒙经贸科技联合委员会会议在北京召开，双方共同签署了会议纪要。中蒙经贸科技联合委员会机制有力地推动和保障了两国在科技领域的深入合作。中蒙两国开展科技交流与合作具有天然的地缘优势，符合两国民众的根本利益。

第二，合作机制日益成熟。广泛开展中蒙毗邻地区科技交流与合作，开拓和建立科技合作关系和工作机制。建议充分利用双方优势，与蒙古国签订相应的长期科技协议，与蒙古国科技部门、科研院所以及企业建立良好的工作关系，为开展中蒙毗邻地区科技交流与项目合作打下基础。内蒙古自治区在沙漠治理、草场恢复、矿产资源开发、新能源开发、生物制药和畜牧业产业化经营等领域经过长时间的攻关发展积累了丰富的经验取得了重大成果，对于相对落后的蒙古国来说具备了一定的技术优势、信息优势和人才储备优势，是中蒙两国进行科技合作的绝佳平台和互联互通的重要纽带。

第三，合作领域不断拓宽。与蒙古国的科技合作项目应重点放在畜牧业、旱作农业、中蒙药、农村牧区新能源开发利用、农畜产品加工业、稀土矿产、铁铜等矿产资源开发利用领域，与此同时双方科技部门、院所以及企业进一步加强互访和考察活动，开展科技成果展览、技术培训、人才培训、信息交流与合作活动

等。内蒙古自治区与蒙古国已经开通了科技合作与交流的网站,在与蒙古国进行科技合作与交流过程中,内蒙古自治区充分利用区位优势和地理优势站在了最前沿。

第四,合作交流便利。组织蒙古国乌兰巴托市和内蒙古自治区呼和浩特市积极开展中蒙两大城市科技合作与交流对接活动,建议双方城市建立科技交流与合作联系工作机制。

第五,合作特色突出。充分利用中蒙合作项目互补优势,引进和输出科技合作项目,双方进一步扩大科技对外开放,以多种形式吸引对方资金参与科技交流与合作,特别是对优势区域和产业的关键性技术研究,双方要进行广泛交流与合作等。必须重视科技创新对发展对外文化产业的引擎作用。将得天独厚的文化资源通过融入技术元素进行开发,加速发展内蒙古自治区高科技文化产业和新型文化产业,提高外向型水平,逐步用先进科技传播先进文化,用先进科技推动草原文化走向世界。①

中国和蒙古国作为友好邻邦,有着相近的气候条件。双方应加大在气象信息交流和科学研究等方面的合作,建立长期合作机制,使得两国气象合作更为密切。两国不仅在双边气象业务方面,也在世界气象组织的国际舞台上合作紧密。双方在气候变化、人工影响天气、气象仪器检定、数值预报等方面的合作成果,特别是加强气象信息的实时共享,共同促进双方气象业务服务能力的提高。

(二)加强文化教育交流与合作

第一,文化教育交流地位突出。文化教育交流在中蒙两国人文社会交流中扮演着十分重要的角色,是两国关系维持发展的精神纽带,也是促进两国民众相互了解增强两国战略互信的重要途径。两国关系恢复正常化以后,中蒙双方在文化教育领域的交流与合作有了迅猛发展,交流层次越来越高、合作范围越来越广,在推进两国战略伙伴关系进程中的作用也越来越重要。② 目前,随着中蒙两国在文化教育领域合作交流的不断加强,来华求学的蒙古国留学生人数逐年增加,中国根据 2000 年与蒙古国签订的《利用中国无偿援助款项培养蒙古留学生项目执行计划》,每年向蒙古留学生提供奖学金援助,并且得到中国政府奖学金援助的蒙古留学生人数也在不断增加。

第二,中国的辐射力增强。随着中国经济的快速发展和国际影响力的大幅提升,中国对周边国家的辐射力大大增强。蒙古国作为中国北部最为重要的邻国,"搭车"发展经济并进而提高本国的国际地位是其外交战略的首要目标之一。

---

①② 郭朝红. 对中蒙科技交流与合作的思考 [J]. 经济工作, 2005 (6).

2011年2月，蒙古国公布经国家大呼拉尔新修订的《蒙古国外交政策构想》这一重要文件，新文件中明确规定了蒙古国新外交战略的目的及任务是"在政治、经济、文化领域等与其他国家发展友好合作关系，巩固和提高蒙古国国际地位"。中国崛起的地缘政治效应强烈地影响着蒙古国的对外战略选择，历史渊源与国家发展现状将中蒙两国关系带入了新的历史时空。经贸关系的日益热络促动着两国文化领域的深入交流，2001年4月，两国政府签署了《2001～2003年文化交流合作执行计划》，这是两国进入21世纪以来的第一份文化交流执行计划书。2004年4月和2005年4月，双方分别首次在蒙古国举办了"中国文化周"活动和在中国举行了"蒙古文化周"活动，内容丰富的展览、演出和竞赛活动吸引了两国大批民众参与其中。

第三，两国的文化交流执行计划已经成为制度性安排。为进一步促进两国的文化交流，经双方合力筹备，2008年5月2日，蒙古国第一所孔子学院在蒙古国立大学挂牌成立，为蒙古国青年学生了解中华文化和学习汉语提供了新平台，两国在文化领域的合作进入了一个新阶段。2010年成立的"乌兰巴托中国文化中心"是中国在海外建立的第九个中国文化中心，该中心将承担举办文化活动、开办教学培训、提供信息服务等任务，是中蒙两国文化交流的又一重要平台。此外，两国在电影、艺术、体育等领域交流也日益热络，文化领域形式多样的交流互动有力地促进了两国民众相互了解和相互学习的热情。文化领域的交流与合作对于促进两国关系的深入发展所起的作用有可能不是立竿见影，但却是增进双方战略互信最为有效的黏合剂，特别是对于像中蒙两国这样历史渊源颇深的邻国，深入热络的文化交流对于双方政治互信的构建就显得尤为重要。

七、加强中蒙文化产业人才培养合作

人才是文化产业发展和繁荣的根本，也是各国发展文化产业面临的最大瓶颈，由于文化产业发端于传统文化，又与信息和高科技等新兴产业密不可分，新的文化业态与创意对文化产业从业人员的素质和专业要求越来越高，使文化产业的人才需求面临供不应求的局面。培养高素质的文化产业人才是深化中蒙文化产业合作的有效途径，具体而言有以下几方面：

第一，强化对外文化产业人才队伍建设，为文化产业"走出去"提供智力支持，加强自主培养，可以引导和鼓励高校开设文化产业专业，进行文化产业专门人才的培养。通过促进"产学研"结合，推动校企合作等形式，加强文化经济管理、文化经纪、文化经营、专业策划、文化科技、产品制作、国际贸易、国际市场营销、外语等外向型专门人才的培养。重点培养一批有思想、有创意、懂管理的文化人才，为文化产业"走出去"的可持续发展战略提供智力支持。

第二，采用"引进来"的方式，政府和文化企业要不惜重金引进国内外优秀的文化人才，为内蒙古自治区文化产业的发展注入源源不断的活力。加大对文化产业从业人员的管理与培训。可以通过采取进修学习、外出考察、开设文化产业培训班等措施，切实提高文化产业从业人员的整体素质。

中蒙两国同为东北亚国家，虽然两国国情差距甚大，但两国各具优势，在维护东北亚地区安全与和平问题上两国有着相同的利益诉求。进入 21 世纪以来，区域内一些国家之间的矛盾和摩擦有被激化的危险。蒙古国同区域内其他国家都保持着良好的双边关系，对于促进地区和平稳定发挥着独特作用。中蒙关系向前发展，双方在各领域密切合作、相互支持，有利于维护东北亚地区的和平与稳定。

第八章

中蒙文化旅游交流与产业合作研究

近年来,中蒙两国高层互访频繁,在旅游发展中开展务实合作,两国间跨境旅游产品合作开发和推广不断升温,共同建设跨境旅游目的地、推进两国旅游发展成效显著。

一、国际旅游业发展态势

国际旅游进入 21 世纪后的近 10 年发展中,在世界经济持续增长,尤其是新兴经济体和发展中国家经济快速增长等拉动下,总体上保持了持续增长与发展的态势。

(一)国际旅游业发展的整体态势

长期以来,欧洲和北美既是国际旅游的两大客源市场,又是国际旅游的两大传统接待市场。随着全球经济重心逐渐从欧美地区转移到亚太地区,国际旅游市场的重心也将相应地东移,亚太地区成为未来国际旅游市场的"热点"。

全球化。随着世界经济的好转和各国人民整体收入水平的提高,绝大多数的人们都将有足够的经济实力和闲暇时间外出旅游,跨国旅游也将更加活跃,旅游将成为人们满足精神需求和享受生活的重要方式,旅游市场发展空间将迅速扩大,趋向全球化。

多样化。由于不同收入人群的不同需求和个性化消费意识的增强,世界旅游市场将呈现多样化的趋势。传统的消遣观光形式,将为多样化的旅游休闲方式所取代。

多极化。旅游消费规模的扩大，必然要求旅游产品的加速开发。在世界范围内，那些具备良好发展条件的国家和地区，必将成为旅游业新的增长极，旅游空间布局将呈现多极化的趋势。

区域化。由于区域合作、资源整合和客源市场共享，能给区域旅游发展带来极大的效益，所以国家之间开展旅游合作，推动产业一体化、市场一体化、交通一体化、形态一体化，建立互惠互利的区域无障碍旅游协作区，将成为世界旅游业发展的必然趋势。

中国将成为世界第一旅游大国，东亚地区将是旅游发展最快的地区，国际客流的重心将向东亚地区转移，这是外部条件；中国旅游资源十分丰富，经济持续快速发展，各级政府高度重视旅游业，这是内部条件，内外部条件兼具，中国将成为世界第一旅游大国。

（二）国际旅游业管理态势

旅游企业趋向集团化和现代化。旅游产业结构将进行高层次、大规模的重组，逐渐形成一批跨国、跨区域的现代化旅游企业集团。旅游经营走向国际化后，竞争将进一步加剧，旅游企业在走向集团化的同时必将实现现代化，以增强竞争力迎接挑战。

旅游管理法制化和规范化。为优化市场环境，提高服务质量，各国的旅游法律法规和行业管理制度将日趋完善。旅游发展将步入有序化、规范化、法制化的轨道。

旅游营销网络化和科技化。旅游地距离的不断扩大、旅游者数量的迅速增加、旅游需求的日益复杂化和旅游服务智能化、特色化的趋势，必然要求旅游企业在旅游开发、旅游管理、旅游营销和旅游服务中广泛应用现代科技和网络，实现旅游业向科技型、质量型和效益型方向发展。

旅游服务个性化和系列化。人们已不满足于过去的从众游、感性游和赶场式的旅游，张扬个性的趋向越来越明显，对各系列旅游项目的要求越来越个性化或多样化，旅游服务既要满足游客的个性化需要，又要满足游客的系列化要求。

旅游产品品牌化和特色化。旅游知名品牌和旅游特色产品将越来越成为旅游组织形象的标志、区域旅游经济实力的标尺和旅游市场地位的象征。

可持续发展成为旅游业的主题。为了确保旅游业在国际市场上具有持续的竞争力，各国将会特别重视加强旅游业内部的协调发展、旅游业与其他部门的协调发展和不同地区旅游业的可持续、协调发展。

旅游中介细分化和连锁化。旅游市场竞争越激烈，旅游中介分工就越细致，酒店预定专业化公司、票务预定专业化公司、餐饮预定专业化公司、旅游景点预定专业化服务公司、旅游咨询服务专业化公司等中介公司将越来越多。

（三）国际旅游消费的新亮点

新兴旅游形式陆续出现。随着科技和经济的发展，人们的个性化和多样化旅游需求的出现，太空游、虚拟游、工业旅游、自驾车旅游等新兴旅游形式陆续出现并逐渐大众化。

出游方式从团体转向散客。极度的个性化和市场细分将导致细分市场服务的供给与需求的缺失，旅游服务方式将专业化，代办出游不再是旅游服务的主要方式，传统的团体出游方式将为散客方式所取代。

生态旅游成为持久的潮流。这种以生态学原则为指标，以生态环境和自然资源为取向，以生态环境保护为前提，以环境教育和自然知识普及为核心内容，既能获得社会、经济效益，又能达到社会、经济、环境三大效益协调发展的综合效益最大化，实现旅游目的地旅游业持续发展的旅游方式将成为持久的潮流。

出游时间趋短，出游次数增加。21世纪，旅游者数量将会大幅度增加，但将以短暂的周末旅游和休闲旅游为主，出游次数会有所增加。旅游者将更多地选择充分放松的旅游方式和一些综合观光度假地区。旅游者花在旅游娱乐上的时间将会有所减少。

中远程旅游仍然旺盛。随着更加快捷、安全、舒适、经济的新型航空客机和各种陆路交通工具投入运营，为旅游者实现中远程旅游提供了条件，使全球性大规模的中远程旅游成为可能。

人们对旅游安全更为重视。旅游过程的安全性既是游客最为关注的问题，也是旅游目的地必须认真解决的重要问题。局部战争与冲突、恐怖主义活动、政局不稳定、传染性疾病流行、恶性交通事故频发、社会治安状况恶化、地震海啸自然灾害等，都将对旅游者选择旅游目的地产生重要影响。

（四）边境地区跨国旅游成为新趋势

1988年4月18日，辽宁丹东国际旅行社组织了第一批中国公民旅游团赴朝鲜新义州"一日游"的活动，边境旅游从此拉开了序幕，先后在内蒙古、辽宁、吉林、黑龙江、广西、海南、云南和新疆8个边境省、区开展与俄罗斯、蒙古国、朝鲜、哈萨克斯坦、吉尔吉斯斯坦、缅甸、老挝和越南8个毗邻国家的边境旅游，开通线路57条。大批的国内旅游者越过边境口岸购物、观光，使得这些原本安静的边境小城迅速繁荣起来，旅游业迅猛发展，成为边境城市的支柱产业之一。

2011年6月5日，国务院办公厅在印发的《兴边富民行动规划（2011～

2015年)》中明确提出:"大力培育开发具有边境特色的重点旅游景区和线路,鼓励发展边境旅游、民族特色村寨旅游、休闲度假旅游、生态旅游、探险旅游、农业旅游等特色旅游。"2013年11月,中共十八届三中全会通过的《中央关于全面深化改革若干重大问题的决定》也要求:"加快沿边开放步伐,允许沿边重点口岸、边境城市、经济合作区在人员往来、加工物流、旅游等方面实行特殊方式和政策。"旅游业是综合性产业,是拉动经济发展的重要动力。旅游业要为推动经济提质增效升级、人民群众生活水平跃升做出新贡献。目前中国已成为世界第一大出境旅游消费国、第四大入境旅游接待国,2014年更是为全球旅游市场贡献了13%的交易额,中国旅游已经成为推动世界旅游业发展的重要引擎。伴随中韩、中印、中国—中东欧旅游年的先后开启,中美旅游年2016年拉开帷幕以及世界旅游旅行大会先后在中国的举办,旅游外交正成为中国与世界各国和国际组织加强战略合作的重要内容,在"创新、协调、绿色、开放、共享"五大发展理念的指引下,中国旅游业将以更开放的姿态、更包容的胸怀加强国际合作,努力建成全面小康型旅游大国。

二、中蒙文化旅游交流合作的基础

国际旅游业发展的态势和特点,为旅游业跨国经营合作提出了新的要求。中蒙两国互相接壤,具有发展双边文化旅游的天然优势。数据显示,近两年来,中蒙已举办近千项的旅游交流活动,旅游业交流与合作达到前所未有的水平,中国、蒙古国互为重要旅游客源国和旅游目的地国。

(一) 旅游资源的互补性

蒙古国地域辽阔、人口稀少,许多地区还处于未开发状态,自然风景得以保持原貌,旅游资源比较丰富。著名的风景区如阿尔泰湖、盐湖、库布德四季雪山等对中国游客无疑具有吸引力。中国则不仅有桂林山水、四川九寨沟、五岳群山等秀丽的自然风光,还有万里长城、故宫等丰富的文化遗产。中蒙两国凭借着优良的旅游资源,每年都吸引着越来越多的游客。

中蒙两国都把旅游业作为支柱产业来发展,特别是中国,经过改革开放,旅游业获得了巨大的发展,拥有一批资力雄厚、管理严格、理念先进的大型旅游企业集团,并形成了国旅、青旅、中旅及包括康辉等后起之秀在内的几大旅游业巨头。中蒙开展旅游合作,可以说是局部的强强合作,双方合作具有坚实的基础。

（二）旅游业合作的协同性

协同效应是指合作各方具有一定的共性，相互组合产生叠加作用，提高整体价值和效益。互补效应是指合作方具有独特的难以替代的个性，组合在一起可以产生鲜明的特点。中蒙旅游业具备了共性与个性的特点。蒙古国的旅游资源主要依靠"草原风光"与"自然景观"两张牌，蒙古族人民千百年来传承下来的奶茶、石头烤肉等饮食和摔跤、骑马、射箭等运动方式，对于中国城市中产阶级无疑具有吸引力。蒙古国充满诱惑的旅游胜地与中国特色的旅游整合，必然具有独特的效应。双方在地缘、文化上又有较多的共通之处。地缘上，蒙古国与中国接壤，双方在旅游对接方面具有极其便利的地缘优势，开展旅游合作空间距离小；文化上，我国内蒙古地区主体民族与蒙古国同宗同族、语言相近，双方具有较强的认同感，文化差异小，合作障碍相对要小，合作成功的概率较高。

（三）草原丝绸之路建设为双方旅游合作提供广阔前景

2014年2月，俄罗斯积极响应中国建设"一带一路"的倡议，愿将俄罗斯跨欧亚铁路与"一带一路"对接，创造出更大效益。蒙古国对参加"丝绸之路经济带"建设，态度十分积极。2013年10月中蒙两国签订《中蒙战略伙伴关系中长期发展纲要》，双方承诺将进一步加强旅游领域合作，鼓励两国人民通过旅游加强对两国经济、文化、自然风光、历史遗迹及民族传统的相互了解，支持两国旅游业界和旅游机构建立合作关系，为对方在本国进行旅游推广活动提供必要协助，推动双边人员往来。双方承诺鼓励两国旅游产业相互投资，并为两国间开展旅游投资合作提供政策支持和必要便利。

从国内来看，广大内陆及沿海省区对于通过内蒙古自治区建设"草原丝绸之路经济带"，加快融入亚欧大市场表现出了强烈兴趣。除了已经开通的"苏满欧"铁路专线以外，广州、郑州等地区纷纷表示要着手共建通过内蒙古自治区直达亚欧腹地的铁路专线。内蒙古自治区是"草原丝绸之路经济带"中国段的主体区域，内蒙古自治区希望通过构建"草原丝绸之路经济带"充分展示自身深厚的草原文化资源和丰富的人文资源条件，进一步扩大内蒙古自治区旅游目的地的知名度和影响力，把内蒙古自治区打造成为"体现草原文化、独具北疆特色的旅游观光、休闲度假基地"。以旅游业的发展进一步带动经济发展，这不仅是内蒙古自治区发展的既定任务，也是发展的可行之路。旅游是服务贸易的优先发展领域，2013年6月19日，中国内蒙古自治区旅游局与蒙古国文化体育旅游部旅游政策协调局边境旅游协调会议在蒙古国乌兰巴托市召开。这是内蒙古自治区与蒙古国边境旅游协调会议的第九次会议。会议就改善旅游发展环境，加强景点建设和安全保障,加大宣传促销力度,提高旅游服务质量等问题进行了深入讨论;针对延伸赴蒙第三国客人的旅游线路前来中国内蒙古旅游,继续打造中蒙俄"茶叶之路"提出了建设性意见。2014 年 7 月,首趟赴蒙古国的"草原之星"旅游专列开通。中蒙旅游产业合作正在升温。

三、中蒙文化旅游合作发展的动因

蒙古国是亚洲中部的内陆国家,地处蒙古高原。北与俄罗斯为邻。东、南、西三面与中国有长达 4670 多千米的边界线。蒙古国是一个名副其实的草原之国,现有人口 275 万,其中,蒙古族约占全国人口的 80%。中蒙两国是山水相连的邻国。自 1989 年两国恢复正常外交关系以来,双边关系不断提升,于 2011 年确立战略伙伴关系,目前处于历史最好时期。当前,蒙古国对华贸易依存度过高,在蒙古国注册成立的外资企业 12118 家,来自 112 个国家和地区。其中,中资企业 5951 家,占 49.11%。自 2005 年开始在蒙古国内外国直接投资剧增,占总存量的 90%,同期中资流量占总存量的 88%。① 此外,中蒙贸易结构不尽合理,中方投资多集中在矿产领域,中国在蒙古国投资地质勘查勘探开采及石油行业企业有 136 家,占到中国对蒙古国直接投资总额的 70% 以上。大部分矿产品未进行任何加工直接出口到中国(见图 8 - 1、图 8 - 2)。

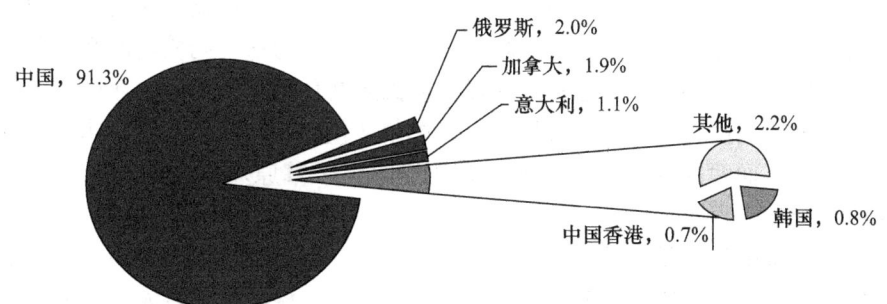

图 8 - 1 2011 年蒙古国产品出口国家(地区)分布情况

---

① 胡格吉勒图. 有关内蒙古自治区向蒙古国开放的若干思考 [J]. 北方经济,2015(1).

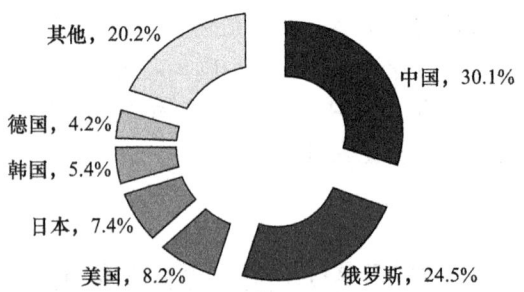

图 8-2 2011 年蒙古国进口产品国别分类

中蒙经贸合作也面临着调整结构的问题。国之交在于民相亲,搞好跨国产业合作,必须得到各国人民的支持,必须加强各国人民的友好往来,增进相互了解和传统友谊,为开展区域合作奠定坚实的民意基础和社会基础。打造"中蒙俄经济走廊",是我国"一带一路"战略的重要组成部分,增进两国文化交流,促进两国人民间的文化认同是构建"草原丝绸之路经济带"的首要前提。

跨国文化交流与产业合作有别于一国之内不同地区间的经贸合作,文化宣传、文化交流、文化产品走出国门时是蕴含着文化属性的,必然会带来国家间文化的交流与碰撞、交汇与融合。雷蒙威廉斯将文化定义为"社会秩序得以传播、再造、体验及探索的一个必要的表意系统(Signifying System)",即社会意义的生产。"文化"特定的意识形态属性使"文化例外"的思想原则得到普遍承认。有种观点认为,后现代社会是伴随着民族情感稀薄化和民族文化衰退产生的。因为商品的流动和消费主义的吸引使得民族文化的边界日益模糊,文化的相似性开始超过了民族的差异性,民族文化越来越失去原有的力量,同质化的文化稀释了民族文化的差异。因此,像蒙古国这样强调民族文化独立性的国家在面对强势文化时必然抱有高度警惕。在这种情况下,中蒙文化交流与文化产业合作急需现实可行的抓手,而两国加强旅游产业的合作能够为"草原丝绸之路经济带"建设提供强有力的支点。

旅游通常被认为是一种舒适的休闲活动,在一些研究者的讨论中,旅游被完全限制在刺激经济举措的范畴。然而,就本质而言,旅游乃是对人异化劳动的某种解放,正是过度劳动,使公民的时间被生产所占据,而随着劳动生产率的提高,劳动者自由支配业余时间的增多,使得旅游逐渐向服务于人性的本质回归。尽管国外政治学界在20世纪60年代就提出了旅游政治学的概念,认为通过国际关系,旅游对政治发挥着重要而长期性的影响,但旅游毕竟偏重个体感受,而国际关系的主体主要是群体或虚拟化个体:国际组织、国家、非政府组织、政治人物等。因此,旅游对国际政治发挥影响往往是间接的,在所有产业中旅游产业的意识形态属性表面上看更为薄弱和模糊，更容易为人接受。随着国家间交往的频繁，旅游日益成为各国人民相互交往的重要方式。近年来，文化旅游已经成为时尚，所谓文化旅游泛指以鉴赏异国异地传统文化、追寻文化遗迹或参加当地举办的各种文化活动为目的的旅游。它更能够满足人了解和体验其他地区、国家和民族的文化生活、社会经济生活、风土人情及民族传统习惯的内在需求，更有助于加深两国之间的文化认同。

四、中蒙文化旅游交流与产业合作的现状

中国自 1992 年实施沿边开放战略以来，中蒙的双边旅游合作获得了快速的发展，取得了一系列的成果。

(一) 中蒙文化旅游交流合作历程

1992 年实施沿边开放政策以来，内蒙古自治区就成为我国最早开展边境贸易的地区。根据有关统计数据，内蒙古自治区与蒙古国的边境贸易占到进出口贸易的 40%。自 1992 年以来，以二连浩特口岸为核心，先后向蒙古国开放了 5 个一类口岸和 5 个二类口岸，为双方贸易的发展奠定了基础。目前，双方贸易中内蒙古自治区出口以纺织品、机电产品、烟酒、粮食食品、生活日用品类为主，蒙古国出口以畜产品、矿制品、木材等资源类产品为主。这些农产品、加工品和矿产品的进出口，带动了口岸城市频繁的出入境旅游，使旅游与贸易的联系更为紧密。

2008 年，内蒙古自治区旅游局与蒙古国环保与旅游部旅游局在呼和浩特市内蒙古自治区饭店召开 2008 年中蒙边境旅游协调会议，共谋边境旅游发展大计。双方建立协调会议制度 4 年以来，中蒙边境旅游不断取得新进展，有力地促进了双方边境地区社会经济的发展。本次会议就开通中蒙口岸边境旅游业务，提高通关效率，开辟中、蒙、俄边境旅游环线，共同参加旅游促销，加强景点建设，稳定旅游价格，完善服务质量，建立信息通报制度等方面达成共识，并签署会议纪要。

2011 年，内蒙古自治区旅游局与蒙古国自然环保旅游部旅游局 2011 年中蒙边境旅游协调会议在蒙古国乌兰巴托市召开。双方就继续加强旅游合作，推进客源市场快速增长达成共识。本次会议对双方建立协调会议制度 7 年来取得的成绩予以肯定，并就加强景点、住宿、餐饮设施建设，提高口岸通关服务质量，增加

旅游线路，加大双方旅游宣传促销力度，保障游客安全，稳定旅游价格，共同打造"茶叶之路"国际旅游品牌等达成共识，并签署会议纪要。中蒙边境旅游协调会议制度每年召开一次年度会议，及时交流信息，表达双方意愿，解决存在问题，在开辟新的边境旅游线路、拓展旅游业务、扩大双边旅游合作等方面做了卓有成效的工作。2010年，经二连浩特口岸入境的蒙古籍旅游者78.2万人次，出境的中国籍公民6.6万人次。2011年1~4月，经二连浩特口岸入境的蒙古籍旅游者24.9万人次，同比增长23.1%；经二连浩特口岸出境的中国籍公民2.31万人次，同比增长31.8%。

2014年11月，中国内蒙古自治区旅游局、俄罗斯外贝加尔边疆区国际合作对外经济联络旅游部、俄罗斯布里亚特共和国旅游局、俄罗斯伊尔库茨克州旅游署、蒙古国乌兰巴托市旅游局，在内蒙古自治区举行了为期3天的首次中蒙俄"三国五地"旅游联席会议，与会各方一致同意在整合原有中俄、中蒙边境旅游协调例会机制的基础上建立联席会议机制。"三国五地联席会议机制"让中蒙俄旅游"共同"发展驶入快车道。数据显示，近两年来，中俄、中蒙已举办近千项的旅游交流活动，旅游业交流与合作达到前所未有的水平，中国、蒙古国、俄罗斯互为重要旅游客源国和旅游目的地国。

2015年在首届中蒙博览会上，中蒙俄三方合作洽谈会共达成中蒙俄旅游合作项目10个，意向金额13.90亿元。据了解，10个项目中，中蒙合作项目9个，中俄合作项目1个。项目涵盖跨境旅游线路开发、酒店建设、旅游人才队伍培训、旅游规划、旅游度假区建设等领域。具体包括仕奇集团与乌兰巴托市酒店建设合作及酒店管理；内蒙古自治区草原文化基金会与蒙古国沙尔吉巴彦朱日赫有限责任公司旅游规划合作；二连浩特市与蒙古国东戈壁省扎门乌德跨境旅游开发项目合作；巴彦淖尔市与蒙古国南戈壁省地区间旅游合作；蒙古国旅游协会与内蒙古自治区旅游协会旅游签署合作；满洲里口岸国际旅行社与俄罗斯铁道国际旅行社"伟大茶叶之路"旅游专列旅游产品开发合作等。

（二）中蒙文化旅游产业交流合作的成果

旅游业的产业关联度高、产业链条长，是整合资源、统筹各业的集成产业或动力产业，能产生较高的增加值和附加值。蒙古国地域辽阔、人口稀少，许多地区还处于未开发状态，自然风景得以保持原貌，旅游资源比较丰富。蒙古国旅游业体系的最初建立与新近的发展，与同日本、韩国、美国、西欧等国家和地区的合作密不可分。蒙古国与日本、韩国相互设立旅游代表处，对促进蒙古国旅游业的发展起到了重要作用。近几年，来蒙外国游客数量呈逐年递增的趋势。2000年，共有137374名外国游客来蒙旅游，创汇9490万美元，占当年国内生产总值的10%；2001年，蒙古国接待外国游客165899名，全行业产值达1.029亿美元，占当年国内生产总值的10.2%；2002年，全国共接待外国游客192087人，创产值约1.2亿美元，同比增长16%，占当年国内生产总值的比重也进一步上升，达10.9%。2011年，蒙古国接待游客62万人次，旅游收入2.83亿美元。2013年接待游客41.78万人次，同比下降12.2%（见图8-3）。

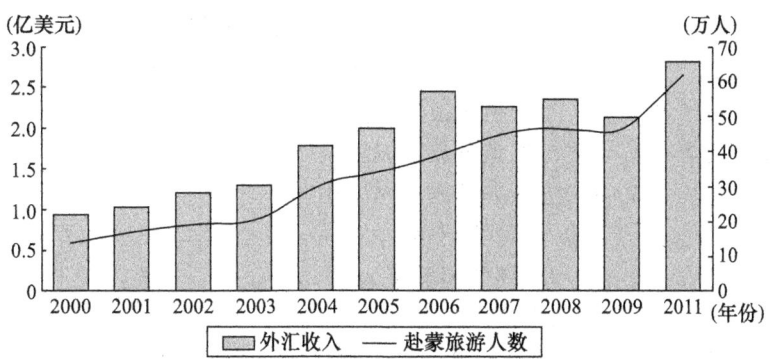

图8-3　2000~2011年赴蒙旅游人数及外汇收入走势

　　蒙古国发展旅游业具有很多优越条件，首先，蒙古国社会矛盾比较缓和，加之该国大部分公民信奉佛教，待人比较友善；其次，蒙古国的旅游特色突出，民族风情、自然风光和原始特色是三大旅游主题，符合现代社会很多人希望重返自然、返璞归真的心态；最后，蒙古国经济发展落后，物价水平也相对较低，游客来蒙旅游费用较少，符合大多数发展中国家游客的消费心理和消费能力。从统计数字可以看出，俄罗斯、中国两大邻国是游客的主要来源国，随着蒙古国航空业的不断发展，韩国、日本、德国等国家来蒙旅游的游客数量也将呈增长的态势。

　　2014年中国旅游业发展总体向好，全年旅游总收入约3.25万亿元。旅游业在国民经济中发挥的作用也越来越大。中国旅游研究院的数据显示，2014年度中国出境旅游人数高达1.17亿人次，同比2013年度的9730万人次增加了20.25%。中国内地公民出境旅游花费约1400亿美元，同比增长18%。数据显示中国作为世界第一大出境旅游客源市场与第一大出境旅游消费国的地位进一步巩固。中国旅游业已进入高速发展的阶段，尤其出境游板块已成为当下旅游市场最大的亮点。根据中国国家旅游局公布的2014年6月主要客源市场情况，来自蒙古国的入境旅游人数同比增长14.0%，而蒙古国自然环境和旅游部的统计显示，2014年中国赴蒙古国旅游的人数同样大幅增加，带动蒙古国旅游收入同比增长20%。中蒙两国在旅游发展中互为市场和互为目的地的增长势头为双方在今后的合作中搭建"产业航母"奠定了基础。

（三）中蒙文化旅游产业交流合作的特征

2010年以来，蒙古国政府积极采取措施，改善接待条件，简化签证手续，加强对外宣传，力争最终形成由农牧业、矿产开发、加工业和旅游业四大支柱产业占主体地位的社会经济形态。中国巨大的旅游消费市场对蒙古国具有强烈的吸引力，应该说，蒙古国对于加强中蒙旅游产业合作抱有极大热情。

相比之下，中国旅游企业对于蒙古国旅游市场反应平淡。2014年中国出境游在选择旅游区域来看，仍以亚洲旅游圈为主，主要是韩国、日本、越南和新加坡等国家。赛娜等在《蒙古国旅游业发展策略研究——基于中国游客到蒙古国旅游的意向调查》一文中指出，去过蒙古国的中国游客只占被访者的8%，其中以工作为目的的占46%，以学习为目的占16%，见亲戚与朋友的占14%，只有30%的被访者表示旅游，另外8%为其他目的。由此可见，去过蒙古国的中国人很少，尤其是以旅游为目的去蒙古国旅游的中国人更少。而在没去过蒙古国的被访者中，26%表示不了解蒙古国，15%表示没有兴趣，56%的表示没有机会。而从中国游客的旅游意愿上看，意愿强度低于50%的占32%，50%~60%的占38%，60%~80%的占18%，而只有12%的被访表示愿意程度80%~90%（见图8-4）。

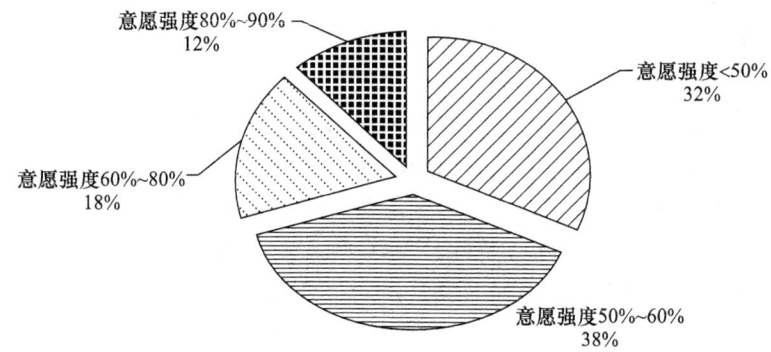

图8-4 中国游客赴蒙旅游意向调查

数据表明中国游客去蒙古国的意愿强度不大。从内蒙古自治区和蒙古国的区别上看，20%的者表示区别很大，21%的表示区别很少，10%的表示完全不一样，5%的表示完全一样，44%的则表示蒙古国和内蒙古自治区差不多。可见中国游客对两者的区别了解不深入。

五、中蒙文化旅游交流与产业合作的内容

随着市场化进程的不断推进,文化旅游作为一种以富含文化内涵的目的地为客体的综合性旅游活动,它既是人们对目的地文化的一种阶段性感知和体验过程,也是人们对审美情趣和民族文化情感的一种诉求与表达。中蒙开展旅游产业合作的内容应该是全方位与多层次的。

(一)把旅游合作纳入"草原丝绸之路经济带"建设优先发展的领域

在政策上给予支持,最大程度降低跨国旅游障碍,如提供签证上的便利是否可通过谈判达到类似粤港"144小时免签"、"内地个人港澳自由行"等旅游政策上的方便,建立旅游无障碍或低障碍区,以促进双方人员的流动。如果在全国范围内建立中蒙旅游无障碍区还有困难,可以考虑选取条件较成熟的省份(如内蒙古自治区)作为试点,待条件成熟再向全国铺开。

(二)开展多种形式的客源互送活动

中蒙旅游合作大有潜力可挖。中国近年来经济增长迅速,人均GDP不断增长,旅游需求乃至海外旅游需求日益旺盛。这时旅游资源丰富、地理位置较近、费用相对低廉的蒙古国可以成为中国人海外旅游的首选地之一。而蒙古国赴中国的游客数量也在逐年增加,据统计,2012年,蒙古国入境游客人数为101.05万人次。2005~2012年,蒙古国赴中国旅游的人数继续保持稳定上升的态势。只要双方加强宣传,开展各种形式客源互送活动,双方的入境游客数量肯定还会有一定幅度的增长。

(三)合作开发旅游产品

中蒙旅游资源都很丰富,并有较强的互补性且地域相近,合作开发旅游产品有很好的条件。通过整合双方的旅游资源,联合推出长线产品,无疑更具有吸引力。例如,可推出"中—蒙—俄"跨国线路,把中国秀丽河山、灿烂文化与浓郁的蒙古国风情结合在一起,对游客尤其是欧美一线游客有更强的诱惑力,加上良好、便捷的旅游一条龙服务可最大限度地为游客提供方便。游客旅游线路的拓展延伸,对中蒙双方都有很多好处,在联合开发旅游产品时,应注意双方都要拿出自己的拳头产品,"强强"结合威力才能更大。同时还应争取与航空公司的配

合，借助航空平台打造中蒙旅游的黄金线路。

（四）开展网络合作，构建中蒙旅游电子商务平台

在互联网迅速普及的今天，通过网络发展旅游业尤其是跨国旅游业很有意义。现在中国各省基本上都有自己的旅游网站来推广旅游产品，但绝大多数网站推介的仅是本国本地或是外国的旅游产品，通过网站推介中外跨国旅游产品的很少，而且静态照片推介居多，视频推介少。而中国人对蒙古国旅游资源知之甚少，如果能把中蒙两国旅游组合产品制作成视频广告，放到网上推介将起到很好的效果。开展跨国旅游电子商务，在技术上还应解决的是跨国异地支付结算问题、支付安全和认证系统等问题。这不仅需要两地旅游机构的合作，还需要金融等机构的配合，有一定难度，但只要双方精诚合作，反复磋商，这些问题都可以妥善解决。通过旅游电子商务，双方还能进一步提高旅游企业信息化水平、行业数据整合分析的水平以及完善的旅游服务，从而提高双方旅游业的竞争力。因此，应尽快把旅游电子商务建设纳入双方谈判的范围。

（五）建立中国—蒙古国国际旅游联合投诉中心

为保障游客合法权益，应联手打击坑客、甩客等严重扰乱旅游市场的行为，以提高区域内旅游质量的信誉度，建立旅游投诉机构。众所周知，跨国旅游投诉成本高，处理结果难以预料，由于没有方便的旅游投诉中心，游客遭到坑害行为，往往有苦难言。如果能由政府出面，建立中蒙国际旅游投诉中心，形成快速反应的联动机制，及时妥善解决游客在旅游中出现的种种问题，无疑会大大提高游客消费的信心。

六、中蒙文化旅游交流与产业合作的路径

尽管中蒙旅游合作的前景看好，但由于历史或地缘政治等原因，目前双方对此仍持谨慎态度。因此，对中蒙旅游合作应采取循序渐进的方法，先易后难，合作的最终目标是形成世界旅游市场中的战略伙伴，在竞争激烈的世界旅游市场中发展壮大。

第一，从初级合作的层面上，双方可采取较为谨慎的如争取营销代理、授权经营、特许经营等经验风险较小的模式，如中青旅、国旅同蒙古国大旅国际旅行社签订营销代理协议，等到双方有了一定合作的基础与经验后，在政策允许下，

可进入第二阶段。

第二，采取直接投资包括合资、独资、并购等方式进入更深层次的合作。这将成为今后对外直接投资的主要形式之一。2007年2月国家取消对内资旅行社设立分支机构的限制，并鼓励有实力的旅游企业"走出去"发展，鼓励有条件、有实力的国内旅游企业到中国公民出境旅游目的地的主要国家和地区，投资收购、建设、管理宾馆饭店和景区景点等旅游设施。① 针对蒙古国实力较雄厚的旅行社企业，我国可以采取合资或并购方式。通过"强强"合作，进一步整合已有资源，同时获取对方进行营销管理的经验，扩大原有的市场份额。对于蒙古国资金与技术、经验都较为缺乏的企业，可以考虑并购、独资、合资等方式进入，只要政策允许，并购或独资进入，可以开展一条龙的经营活动，最大限度地获取利润。

第三，针对特定区域展开旅游合作。如涉及中、蒙、俄大区域的旅游合作开发，这类合作涉及面广，需要政府、旅游局、旅游企业等参与合作。合作内容不仅是进入方式问题，还有交通（航运）、生态、环保及旅游业可持续发展的问题。中蒙双方既可以发展"中国内蒙古自治区+蒙古国"，"俄罗斯+蒙古国"的联线游，也可以发挥欧亚大陆桥优势，设计连接中蒙俄三国的铁路沿线游。

第四，旅游促销合作一个可以借鉴的模式是通过投资合拍大片的形式，把当地一些独特的旅游资源推向世界。虽然拍大片需要耗费较多资金，但观众多、效果好，如电影《狼图腾》的拍摄对草原旅游就起到了显著效果。中蒙双方可以通过这种合拍片的方式把旅游资源推广的效果发挥到最大。

第五，目前中蒙旅游合作以边境区旅游合作为主，已具备一定的合作基础。中蒙旅游业合作模式较高的阶段是通过高层次的合作，建立中国—蒙古国旅游的战略联盟，这包括旅游市场联盟与旅游技术联盟。通过政府、旅游管理机构、旅游企业、航空公司、旅游商务网站等多层次全方位的合作，形成中蒙旅游产业战略伙伴。

中蒙旅游合作是一个自然成长过程，其合作的产生和成长受到来自区域的地缘空间影响，主要包括地缘邻近性、交通便捷性、文化认同性以及旅游资源空间互补与差异性等，这些因素融合成推动区域旅游合作的重要动力。与此同时，该区域各类组织（如各级政府、国际组织、民间团体等）行为对旅游合作发挥着重要调控作用。以政府为例，政府行为大多通过对区域社会、经济、环境的影响而最终作用于跨国旅游合作，如各国政府合作意愿、政策法规等旅游企业决策行为产生深刻影响。这些因素形成了区域旅游合作演化的强大组织调控力。在某种程度上，这种调控力决定着区域旅游合作的进程与发展方向。在实践中，中蒙跨

---

① 中华人民共和国国家旅游局．中国旅游年鉴2011 [M]．北京：中国旅游出版社，2012.

国旅游合作的形式是多样的。旅游合作区域各要素不断进行整合和创新，旅游市场不断成熟，空间的积聚和扩散效应将吸引周围更多区域加入协作关系，实现合作结构模式的更新，在新的地域空间上开展更高层次合作。某些具体合作领域，会因特殊的动力因素激发（如合作各方给予优先政策支持、外资强力注入等），将呈现出跨越式发展。

第九章

推动中蒙文化交流与文化产业合作的政策研究

大卫·赫斯蒙德夫指出:"政策既是对社会文化、经济和技术状况的回应,也是结果。"战略性中国文化产业政策的出台,是改革开放基本精神和总体战略作用于文化领域的必然结果,是新的社会历史条件下文化发展的客观要求和自觉选择。前面章节在分析中蒙文化交流与文化产业合作的基础上,提出战略构想及实现路径,本章将从产业政策、金融政策、贸易政策、法律政策及文化产业特区政策五个方面提出政策建议。

一、产业政策

文化产业是伴随着文化体制改革而逐渐兴起的新兴产业。发端于 2003 年的文化体制改革,区分了公益性文化事业和经营性文化产业,为文化产业发展扫清了认知障碍和体制障碍;2009 年国务院发布《文化产业振兴规划》,把推动文化产业发展上升到国家战略层面;2010 年中央关于制定"十二五"规划的建议提出"推动文化产业成为国民经济支柱性产业",为文化产业发展确立了目标;2011 年党的十七届六中全会强调,必须坚持社会主义先进文化的前进方向,坚持把社会效益放在首位,社会效益和经济效益相统一,按照全面协调可持续的要求,推动文化产业实现跨越式发展,使之成为新的经济增长点、经济结构战略调整的重要支点、转变经济发展方式的重要着力点,为推动科学发展提供重要的支撑。从中蒙文化产业政策制定与实施而言,要服从于国家文化产业的总体政策。具体建议有如下几方面。

（一）构建中蒙文化产业体系

构建结构合理、门类齐全、科技含量高、富有创意、竞争力强的现代文化产业体系，推动中蒙文化产业跨越式发展，使之成为新的经济增长点、经济结构战略性调整的重要支点、转变经济发展方式的重要着力点，为推动科学发展提供重要支撑。

一是加快转变中蒙文化产业发展方式，促进从粗放型向集约型、质量效益型转变，增强中蒙文化产业整体实力和竞争力。实施几个重大项目，推进中蒙文化产业结构调整，发展壮大文化旅游、出版发行、影视制作、印刷、广告、演艺、娱乐、会展等传统文化产业，加快发展文化创意、数字出版、移动多媒体、动漫游戏等新兴文化产业。

二是培育文化骨干企业，扶持中小企业，完善文化产业分工协作体系。鼓励有实力的文化企业跨地区、跨行业、跨所有制兼并重组，推动文化资源和生产要素向优势企业适度集中，培育文化产业领域战略投资者。

三是规划建设各具特色的文化创业创意园区，支持中小文化企业发展。优化文化产业布局，发挥东中西部地区各自优势，加强文化产业基地规划和建设，规范建设一批全国文化产业示范区，发展文化产业集群，提高文化产业规模化、集约化、专业化水平。

四是加大对拥有自主知识产权、弘扬民族优秀文化的产业支持力度，打造知名品牌。发掘城市文化资源，发展特色文化产业，建设特色文化城市。特别是推动文化产业与旅游、体育、信息、物流、建筑等产业融合发展，提升品牌价值，增加物质产品和现代服务业的附加值和文化含量。

（二）形成公有制为主体、多种所有制共同发展的中蒙文化产业格局

培育一批核心竞争力强的国有或国有控股大型文化企业或企业集团，在发展产业和繁荣市场方面发挥主导作用。在政策方面引导社会资本以多种形式投资文化产业，参与国有经营性文化单位转企改制，参与重大文化产业项目实施和文化产业园区建设，在投资核准、信用贷款、土地使用、税收优惠、上市融资、发行债券、对外贸易和申请专项资金等方面给予支持，营造公平参与市场竞争、同等受到法律保护的体制和法制环境。加强和改进对非公有制文化企业的服务和管理，引导它们自觉履行社会责任。建立健全文化产业投融资体系，鼓励和引导文化企业面向资本市场融资，促进金融资本、社会资本和文化资源的对接。推动条件成熟的文化企业上市融资，鼓励已上市公司通过并购重组做大做强。

加快形成公有制为主体、多种所有制共同发展的中蒙文化产业格局，形成一

批跨地区跨行业经营、有较强市场竞争力的骨干文化企业，营造公平参与市场竞争、同等受到法律保护的体制和法制环境。特别要注重建立健全有利于新兴文化产业发展的激励机制，鼓励包括各类文化企业和个体在内的文化主体，以创造和创新为根本手段，创作生产出思想性艺术性观赏性相统一、人民喜闻乐见的优秀文艺作品。更加重视以网络技术、软件技术等为代表的数字技术研发，推动高新技术与文化产业的融合，促进新兴文化产业发展。鼓励具有创新思维的文化企业为社会公众提供更多创新文化成果，不断增强文化企业的活力和创新力。

（三）推进文化科技创新，树立品牌意识

文化创新和品牌建设是促进文化产业加速发展的有效途径。要坚持把文化体制改革、文化市场培育和文化创新紧密结合，以改革促创新、促发展，以优秀的文化产品和服务引导和刺激文化消费。一是推动文化内容创新。文化产业是新型产业，要想生产更多更好的文化产品，必须不断改进文化产品生产的内容、形式和方法。二是推动文化生产和传播手段创新。要积极运用现代科技手段丰富文化产品的生产方式和传播方式，改造提升传统文化产业，催生新的文化业态。三是推动文化服务创新。要进一步提升和改善市场服务的水平和层次，让消费者更加方便、舒适地接受文化产品。例如，建立物流配送体系、开展网上购物和电视购物、提供良好的售后服务、创造舒适的文化休闲与消费环境等，有效增强文化产品的市场竞争力。

发挥文化和科技相互促进的作用，深入实施科技带动战略，增强自主创新能力。抓住一批全局性、战略性重大科技课题，研发一批具有自主知识产权的核心技术、关键技术、共性技术，加快发展文化装备制造业，以先进技术支撑文化装备、软件、系统研制和自主发展，加快科技创新成果转化，提高我国出版、印刷、传媒、影视、演艺、网络、动漫游戏等领域技术装备水平，增强文化产业核心竞争力。依托国家高新技术园区、国家可持续发展实验区等建立国家级文化和科技融合示范基地，把重大文化科技项目纳入国家相关科技发展规划和计划。健全以企业为主体、市场为导向、"产学研"相结合的文化技术创新体系，培育一批特色鲜明、创新能力强的文化科技企业，支持产学研战略联盟和公共服务平台建设。研发制定文化产业技术标准，加快建立文化产品和服务质量管理体系。实施文化数字化建设工程，改造提升传统文化产业，培育发展新兴文化产业。支持电子信息产业研究开发内容制作、传输和使用的各类电子装备、软件和终端产品，支撑文化产业发展。

（四）扩大文化消费是推动中蒙文化产业发展的源泉和动力

增加文化消费总量，提高文化消费水平创新商业模式，拓展大众文化消费市场，开发特色文化消费，扩大文化服务消费，提供个性化、分众化的文化产品和服务，培育新的文化消费增长点。提高基层文化消费水平，引导文化企业投资兴建更多适合群众需求的文化消费场所，鼓励出版适应群众购买能力的图书报刊，鼓励在商业演出和电影放映中安排一定数量的低价场次或门票，鼓励网络文化运营商开发更多低收费业务，有条件的地方要为困难群众和农民工文化消费提供适当补贴。积极发展文化旅游，促进非物质文化遗产保护传承与旅游相结合，提升旅游的文化内涵，发挥旅游对文化消费的促进作用，支持重点旅游区建设。

完善文化消费政策体系，制定相关细则，针对文化市场中经营者的不同类型，在市场准入、财政、税收、融资、土地等政策方面区别对待，激活消费市场活力；制定科学、统一、协调的文化消费发展规划，避免低水平的重复建设，分步骤、有重点地推进文化产品和服务的发展；健全文化消费相关的法律法规体系，进一步提高对文化市场的建设、监督、管理的科学化水平，保护文化消费者的合法权益，营造良好的消费环境。

加快培育文化市场主体，形成国有、民营、外资等多种所有制成分共同发展、各种活力竞相迸发的良性发展势头；大力发展连锁经营、物流配送、电子商务等各种现代流通组织和流通形式，构建城乡相互配套、各行业相互贯通的文化产品流通网络，形成便利、快捷、高效的文化产品输送体系；规范文化产品、文化资产的交易，办好文化产权交易所，为各种所有制的文化产品提供公平竞争的平台，降低文化生产和交易成本。

二、金融政策

文化金融合作已经成为我国文化产业发展的显著特点和重要成果，成为我国文化产业持续快速健康发展的重要动力。《关于金融支持文化产业振兴和发展繁荣的指导意见》实施以来，各级政府部门发挥政策指引和组织协调优势，推动文化产业与金融业全面对接；金融机构积极开拓文化产业市场，创新文化金融服务，金融支持文化产业取得显著成效，为文化产业发展提供了有力的资金支持；文化企业积极主动运用金融手段实现自身发展，完善了现代企业制度，提升了公司治理水平；各类社会资本积极投入文化产业，形成了多层次、多渠道、多元化的文化产业投融资体系；文化产业的快速发展为金融业的发展提供了新空间，已经成为金融业业务拓展转型的重要方向。在中蒙文化合作与交流中，金融方面的政策建议有以下几个方面：

(一) 创新文化金融体制机制

1. 创新文化金融服务组织形式

鼓励金融机构建立专门服务文化产业的专营机构、特色支行和文化金融专业服务团队，并在财务资源、人力资源等方面给予适当倾斜，扩大业务授权，科学确定经济资本占用比例，加大信贷从业人员的绩效激励，提高文化金融服务专业化水平。支持发展文化类小额贷款公司，充分发挥小额贷款公司在经营决策和内部管理方面的优势，探索支持小微文化企业发展和文化创意人才创业的金融服务新模式。在加强监管的前提下，支持具备条件的民间资本依法发起设立中小型银行，为文化产业发展提供专业化的金融服务。

2. 建立完善文化金融中介服务体系

支持有条件的地区建设文化金融服务中心，通过政策引导、项目对接、信息服务、业务培训、信用增进、资金支持等方式，服务于文化企业和金融机构，促进文化与金融对接，扶持骨干文化企业和小微文化企业，搭建文化金融中介服务平台。推动文化产业知识产权评估与交易，加强著作权、专利权、商标权等文化类无形资产的评估、登记、托管、流转服务。鼓励法律、会计、审计、资产评估、信用评级等中介机构为文化金融合作提供专业服务。在清理整顿各类交易场所基础上，引导文化产权交易所参与文化金融合作。建立完善多层次、多领域、差别化的融资性担保体系，促进银行业金融机构与融资性担保机构加强规范合作，为文化企业融资提供增信服务。

3. 探索创建文化金融合作试验区

为探索金融资源与文化资源对接的新机制，引导和促进各类资本参与文化金融创新，建立文化金融合作发展的长效机制，文化部、中国人民银行可选择部分文化产业发展成熟、金融服务基础较好的地区创建文化金融合作试验区，探索建立地方政府、文化、金融等多部门沟通协作机制，通过创新地方政府资金投入方式，引导和促进金融机构创新金融产品和服务模式，搭建文化金融服务平台，完善文化金融发展政策环境，集中优质资源先行先试，探索符合本地区特点的文化金融创新模式。

(二) 出台政策，鼓励创新金融产品与服务

1. 加快推动适合文化企业特点的信贷产品和服务方式创新

鼓励银行业金融机构发挥各自比较优势打造适合文化企业特点的金融服务特色产品。在有效控制风险的前提下，逐步扩大融资租赁贷款、应收账款质押融资、产业链融资、股权质押贷款等适合文化企业特点的信贷创新产品的规模，探

索开展无形资产抵质押贷款业务，拓宽文化企业贷款抵质押物的范围。全面推动文化金融服务模式创新，支持银行业金融机构根据文化企业的不同发展阶段和金融需求，有效衔接信贷业务与结算业务、国际业务、投行业务，有效整合银行公司业务、零售业务、资产负债业务与中间业务。综合运用统贷平台、集合授信等方式，加大对小微文化企业的融资支持。鼓励银行、保险、投资基金等机构联合采取投资企业股权、债券、资产支持计划等多种形式为文化企业提供综合性金融服务。

2. 完善文化企业信贷管理机制

鼓励银行业金融机构建立和完善针对文化企业或文化项目融资的信用评级制度，充分借鉴外部评级报告，提升对文化企业或文化项目贷款的信用评级效率。完善文化贷款利率定价机制和风险管理机制，针对文化企业或文化项目的资金流特点和风险特征，实施差别化定价，合理确定贷款期限和还贷方式。

3. 加快推进文化企业直接融资

鼓励大中型文化企业采取短期融资券、中期票据、资产支持票据等债务融资工具优化融资结构。支持具备高成长性的中小文化企业通过发行集合债券、区域集优债券、行业集优债券、中小企业私募债等拓宽融资渠道。引导私募股权投资基金、创业投资基金等各类投资机构投资文化产业。支持文化企业通过资本市场上市融资、再融资和并购重组。加强对文化企业上市的辅导培育，探索建立文化企业上市资源储备库，研究分类指导不同类型文化企业与资本市场对接。鼓励文化企业并购重组，实现文化资本跨地区、跨行业、跨所有制整合。支持文化企业通过全国中小企业股份转让系统和区域性股权交易市场实现股权融资。

4. 开发推广适合对外文化贸易特点的金融产品及服务

积极支持文化企业海外并购、境外投资，推进文化贸易投资的外汇管理和结算便利化，完善金融机构为境外文化企业提供融资的规定，探索个人资产抵质押等对外担保的模式，提高文化企业外汇资金使用效率，防范汇率风险。积极发挥文化金融在自由贸易区、丝绸之路经济带、海上丝绸之路等建设中的作用。

5. 加大金融支持文化消费的力度

鼓励金融机构开发演出院线、动漫游戏、艺术品互联网交易等支付结算系统，鼓励第三方支付机构发挥贴近市场、支付便利的优势，提升文化消费便利水平，完善演艺娱乐、文化旅游、艺术品交易等行业的银行卡刷卡消费环境。探索开展艺术品、工艺品资产托管，鼓励发展文化消费信贷。鼓励文化类电子商务平台与互联网金融相结合，促进文化领域的信息消费。

6. 推进文化产业与相关产业融合发展

认真研究中国特色新型工业化、信息化、城镇化、农业现代化为文化产业发展带来的新机遇,结合文化产业与信息业、建筑业、旅游业、制造业等相关产业融合发展的趋势和融资特点,研究项目融资的行业标准。推动互联网金融业务与文化产业融合发展,鼓励电子商务平台类机构发挥技术、信息、资金优势为文化创业创意人才、小微文化企业提供特色金融服务。

7. 创新文化资产管理方式

推进符合条件的文化信贷项目资产证券化,释放信贷资源,缓解金融机构资本充足率压力,盘活存量资产,形成文化财富管理。鼓励资产管理机构和金融机构市场化处置改制文化企业资产,提高文化类不良资产的处置效率。

(三) 加强组织实施与配套保障

1. 明确主体,加强政策制定与实施

文化部、中国人民银行、财政部建立文化金融合作部际会商机制,共同推动文化产业政策与金融政策、财政政策的制定和实施。地方文化行政部门、人民银行分支机构、财政部门要根据本地区实际,加强对文化金融工作的组织领导,制定和完善本地区文化金融工作的具体措施,面向文化企业和金融机构加强宣传和组织协调,密切政银合作,加强银企对接,抓好贯彻实施。文化行政部门要积极与金融机构开展合作,发挥政府部门的组织协调优势和金融机构的融资、融智优势,在合作形式、内容、规模等方面不断探索实践。金融机构要不断提升文化金融服务专业化水平,加大文化金融服务专营机构的建设、管理和资源配置力度,建立和完善文化金融工作的工作机制,不断开拓创新。文化企业要提高自身经营管理和财务运行水平,积极与金融机构搞好对接,提升文化企业与金融机构的议价能力。

2. 加强文化金融公共服务

研究开展文化产业融资规模统计,探索制定文化金融服务标准。发挥"文化部文化产业投融资公共服务平台"的功能和作用。编制文化产业重点融资项目目录,完善融资项目的推荐机制,制定文化产业投融资领域负面清单,支持各地建立文化企业融资项目库,发挥重点项目的示范引导作用。加强文化企业信用体系建设,依托人民银行征信系统、文化市场监管与服务平台等,推动银行信用信息基础数据互联互通,弥补市场缺失,促进文化企业与金融机构之间的信息联通。进一步完善文化部与金融机构的部行合作机制,同时推进与保险、债券、证券、投资等机构之间的合作。宣传和推广文化金融合作的政策、经验和成效,普及文化金融知识,加大文化金融人才培训力度,提高文化系统、文化企业利用金融市场和金融工具的能力,营造文化金融发展的良好氛围。探索建设文化金融社会化组织,发挥其桥梁纽带作用。

3. 加强财政对文化金融合作的支持

中央财政在文化产业发展专项资金中安排专门资金，不断加大对文化金融合作的扶持力度。实施"文化金融扶持计划"，支持文化企业在项目实施中更多运用金融资本，实现财政政策、产业政策与文化企业需求有机衔接。建立财政贴息信息共享机制，推动文化金融合作信贷项目库建设，完善项目准入、退出机制，确保入库项目质量。充分发挥财政政策引导示范和带动作用，完善和落实贷款贴息、保费补贴等政策措施，引导金融资本投向文化产业，逐步建立文化产业贷款风险分担补偿机制，为文化企业融资提供风险屏障。

三、贸易政策

改革开放以来，中蒙经济贸易发展较快，经济合作领域日益扩大，矿产资源开发、基础设施建设正逐渐成为两国经济合作的重点。中国已经成为蒙古国第一大贸易伙伴国和最大投资国。截止到2015年，已有6000多家中资企业在蒙古国注册，2014年中蒙贸易额达到62亿美元，占蒙古国贸易的56%。为了更加有序健康地发展双边贸易合作，两国建立了政府之间经贸科技合作委员会、互联互通委员会等合作机制，也制定了战略合作伙伴关系发展中长期纲要、经贸合作中期纲要等重要文件。虽然两国贸易合作取得了很大成果，发展势头良好，但仍然存在一些问题，这在一定程度上影响双边经济贸易的进一步发展。通过结合双方开展贸易合作的优势分析以及双方开展贸易过程中存在的一些问题，去寻找解决问题的政策建议。

第一，制定与完善税收优惠政策，包括出口退税制度和减免税措施。为促进中蒙贸易发展，政府之间应制定完善的出口零税率和减免税款运作机制，并且将其纳入增值税的常规管理。设置相关机构，专门从事中蒙贸易税收政策的制定、实施、咨询、监管服务。完善退税操作方式，简化退税行政手续，同时，政府在制定政策时还需力求简单灵活，以方便企业运作。

第二，注重大规模发展政策性金融业以支持我国出口。促进出口应该依赖于由政府领导或控制的庞大的政策性金融组织机构体系，加以采取将出口融资与出口信贷保险（担保）分开运行的模式，以支持和服务特定的政策性金融领域和对象，特别是扶持中小企业的发展。在提供出口融资方面，为提高政策性金融机构支持中蒙企业互通有无的积极性，可以采取贴息贷款，设立专项基金，如"经济与社会发展基金"等措施。此外，贷款担保、提供优惠资金来源、控股等也可以成为政策性金融业参与运作的方式。在提供出口信用担保方面,政府还应专门设立政策性的出口信用保险公司,以降低我国企业进入蒙古国市场初期的风险。

第三,建立全方位的服务体系并发挥行业协会的桥梁作用。为鼓励我国企业和产品进入蒙古国市场,政府应该建立一整套提供全面支持和优质服务的机制,成立各种政府或民间组织,为出口企业提供颇具特色的服务,多级政府或民间组织共同为我国出口产品提供资金和技术服务。政府帮助成立一些行业协会,专门从事中蒙之间的贸易发展服务,充分发挥行业协会的桥梁纽带作用,形成一整套相互匹配、相互补充的较完善运作机制。

第四,加强中蒙之间的交通基础设施建设。对中蒙交通运输领域建设进行投资和提供优惠贷款,加快建设"草原丝绸之路"。目前,国家对边境口岸的规划、建设投入比较薄弱,地方因财力有限,用于口岸建设的资金也是捉襟见肘。蒙古国基础设施落后,贸易口岸建设不足。因此,双方应该进一步加强基础设施的建设,共同改善贸易条件,中国金融机构应该对蒙古国交通运输领域建设进行投资和提供优惠贷款;蒙古国应该支持中国根据市场原则参与蒙古国新铁路建设的投资和承建工作;双方加强国境运输合作、公路和航空运输方面的合作。中蒙双方都应为发展双边贸易创造积极良好的投资环境做出努力。

第五,加快人民币区域化进程,促进中蒙商贸流通。目前,大量人民币在蒙古国的流通是我国经济发展、币值稳定的结果,也是市场力量自发作用的结果。人民币在策克口岸地区辐射蒙古国边境实现了一定程度的区域性国际化,为人民币在策克口岸地区的自由兑换创造了前提条件。中蒙双方货币当局都应采取积极的办法推动人民币区域化进程,为边境贸易健康发展和人民币现金有序跨境流通创造良好环境。

第六,更加注重两国的政治对话,简政放权,减少贸易壁垒。我国政府应该简政放权,简化行政审批手续,切实分清政府与市场的管理界限,属于应由政府协调的政府要加大力度,属于市场条件的范围,政府应该下放权力。中蒙之间的经贸合作是多种方式的。不论以何种方式合作,应该体现一个根本原则就是互利共赢。双方应致力于减少贸易壁垒,增强双方的信任,互通有无,降低市场准入门槛,实现互惠互利。

第七,积极推动在内蒙古自治区境内选择适当的地点建立中蒙自由贸易区。积极推动在内蒙古自治区境内选择适当的地点建立中蒙自由贸易区并配套给予其更多的贸易、投资和税收优惠政策,积极拓展其功能,吸引更多企业在区内开展加工业以及商贸、旅游和仓储等相应产业,使自贸区成为繁荣和发展中蒙贸易的最重要的桥梁和纽带。

第八,提高出口商品服务的质量,制定统一的商品服务质量标准。为加强今后中蒙贸易的发展,中国沿边地区在出口产业的选择上,应当实施出口产业升级战略,即与内地或沿海地区在出口产业上要适当调整,改变沿边地区目前单纯出口初级产品的现状,发挥其劳动力成本更为低廉和资源丰富的优势,向劳动密集型产业、资源密集型产业发展。其中,重点在于提高出口商品的质量。加强与蒙古国的协商管理机制,通过联检部门对进出口产品实施严格的质量监督与把关,建立起有信誉、有保障的商品进出口通道。

四、法律政策

中国与蒙古国建交以来,于1991年8月26日签署了《关于鼓励和相互保护投资协定》、《关于对所得避免双重征税和防止偷漏税的协定》。中蒙两国政府于2005年签署了知识产权合作协议,2006年和2007年,双方分别举行了知识产权法律制度研讨会,在知识产权法律制度的完善、人员培训及自动化建设方面进行一系列富有成效的务实合作。2013年9月和10月由中国提出建设"新丝绸之路经济带"和"21世纪海上丝绸之路"的战略构想。配合中国"一带一路"和"草原之路"两个战略的衔接工作,中蒙双方签署了《中华人民共和国和蒙古国战略伙伴关系中长期发展纲要》。2014年中国银行乌兰巴托代表处和蒙古国立大学孔子学院院长共同签署了《蒙古国立大学孔子学院与中国银行乌兰巴托代表处战略合作协议》和《蒙古国立大学孔子学院与中蒙文化教育基金战略合作协议》。2015年3月,中国政府特制定并发布《推动共建丝绸之路经济带和21世纪海上丝绸之路的愿景与行动》。文化部加强顶层设计和战略部署,统筹文化交流合作和文化产业发展,发挥"文化先行"的优势,为"丝绸之路经济带"建设做出一定贡献。这些相关法律文件和协议的签署,对于推动中蒙文化产业发展能够起到积极的推动作用。

中蒙两国在知识产权领域的交流将不断深入,针对蒙古国知识产权制度的现状,提出如下政策建议:

第一,加强中蒙双方著作权相关法律的制定。由于历史渊源,中国内蒙古自治区和蒙古国在语言文字方面有诸多的相同和相似之处,因此中蒙应该加强双方的著作权法的制定,对蒙汉文之间的翻译、编写、出版等制定完善的法律政策,一方面要做到有法可依,规范出版程序,加强多著作权的保护,另一方面应尽量简化程序,方便双方的文化交流。

第二,加强双方的医疗卫生服务相关法律的制定。中国内蒙古自治区推崇蒙医，这和蒙古国是相得益彰的，因而双方应着手于蒙古族医学相关政策法规的制定，规范蒙医院的成立程序和监管制度，同时制定和完善中国蒙医院去蒙古国开办医疗机构的行政审批手续，把相关领域，如蒙古族医药制品、蒙古族医疗器械的贸易都纳入法律体系，规范相关行业的立法和监管。另外，加强中医学和蒙医学的行业准则的制定，促进中医和蒙医的交流学习。

第三，加强双方旅游业相关法律的制定。由于地缘优势，中国与蒙古国双方的旅游业发展迅速，完善旅游法律的制定、切实保护双方消费者的合法利益是未来法律制定工作的重点。一方面，应该制定法律，规范旅游市场的运营制度，净化旅游市场环境，促进旅游业的发展。另一方面，双方应针对如何保护旅游资源制定相关法律法规，保护环境，促进旅游资源的可持续发展。

第四，加强双方饮食文化行业的相关法律的制定。除了中国目前已有的《食品安全保护法》以外，中国应针对蒙古族的饮食文化制定相关的法律文件，如针对烧烤的肉质标准、器具卫生标准、炭火的标准等制定相应的法律文件，加强对饮食业的卫生和安全的监管。同时，为促进中国一些民营食品行业进入蒙古国市场，制定与保护民营企业相关的法律文件。

第五，加强双方的知识产权保护的相关法律文件的制定。随着双方贸易领域的不断深入，对于知识产权的保护尤为重要，但是中国对于知识产权的保护还很薄弱，作为民族文化软实力，中国政府应加快对于知识产权的立法进程，向西方发达国家学习，重视保护中国的传统手工艺、创新技艺、专利技术等，形成尊重知识、尊重人才的社会氛围。

此外，中国应针对广播影视传媒行业、动漫制作、游戏设计等行业，制定相关的法律政策，在规范合法的前提下促进文化领域中各行各业的发展。

五、文化产业特区政策

内蒙古自治区是我国建立最早的自治区，北与蒙古国、俄罗斯接壤，是中国跨经度最大的省份，其地理位置的特殊性和民族多样性决定了当地资源的丰富多样。因此，应赋予内蒙古自治区在中蒙文化交流与产业合作中的特殊地位，从而发挥特定作用，这将具有重要的现实意义。

建立特色国际文化产业特区。内蒙古自治区文化产业特区的建设，有其特殊性，即加强中蒙之间的国际交流与合作，所以在建立内蒙古自治区文化产业特区的过程中，应该突出"草原特色，民族文化"的特色主题，如成吉思汗是内蒙古自治区和蒙古国人民心目中的英雄,可以对成吉思汗陵再增加些文化内涵,突出成吉思汗陵神秘的特点。总之,要把内蒙古自治区打造成特色国际文化产业特区。首先,品牌是关键,在建设过程中,应充分发掘内蒙古自治区各地方的资源环境特点、风俗习惯特点、饮食文化特点以及建筑风格特点,选取品位高、价值大的产品,做大内蒙古自治区文化产业。其次,特色是核心,大力开发具有民族性、参与性和特色性的精品项目,实施草场、沙漠、森林和湖泊立体开发模式,以满足游客多元化的旅游需求,并促使内蒙古自治区目前的中低端旅游市场向特色化、个性化的中高端旅游市场迈进。最后,使内蒙古自治区文化产业特区形成功能层次分明、空间布局合理的市场格局,彻底改变以观光为主的旅游产品结构,极大地提高内蒙古自治区产品的吸引力和竞争力,把内蒙古自治区丰富的草场资源打造成特色鲜明的民族文化旅游胜地。建立文化产业特区的相关政策和建议如下:

第一,双方应该简化签证的办理手续,缩短手续办理的时间。随着双方贸易的不断发展,无论是来境内旅游的蒙古国公民,还是去蒙古国旅游的中国公民都与日俱增,为方便两国公民出行,应该简化双方的签证手续,这有利于促进双方贸易发展。

第二,在文化产业特区内采用中文—蒙文—英文三种语言文字标识。在文化产业特区内的所有公共场合,包括路牌、店名、警示标语、公共汽车等均采用中文—蒙文—英文三种语言文字进行标识,为来我国的蒙古国公民提供方便,减少双方因语言文字不同所带来的不便。

第三,建立蒙古族民族文化经济园区,大力发展民族旅游。开发和建立以蒙古族文化为依托,饮食、娱乐、科教、文化为一体的民族产业链条,从烧烤奶制品到手工皮革制品,从骑马射箭娱乐项目到图书电影动漫传媒行业,全方位开发民族传统文化,同时把蒙古族文化与汉族文化相结合,在传播蒙古族文化的同时,大力宣传我国汉族传统文化。

第四,结合蒙古包、骑射、烤羊肉等民族风俗习惯,开发沙漠和草场旅游概念。绿色旅游概念,即草场旅游,应与蒙古包、民族歌舞、烤全羊、骑射运动以及旅游纪念品相结合,形成一条完整的旅游产业链条。黄色旅游概念,即沙漠旅游,应结合骆驼、沙漠绿洲、旅游纪念品等形成完整旅游产业链,促进当地创收。

第五,成立一些拥有出版蒙文资质的出版社,促进双方的文化的交流。在呼和浩特等地区,增加一些具有出版蒙文资质的出版社,从事中蒙文翻译、排版、校对、出版工作。

第六,开设蒙医院,加强与蒙古国蒙医院的专业交流。蒙古族医学在我国内蒙古自治区境内备受推崇,在医学界占有一席之地。为促进蒙古族医疗事业的发展,双方应加强蒙医之间的学习和交流,共同出版相关书籍,进行相关科研活动,加强蒙医学院的学术交流活动,为蒙古族医学事业做出贡献。

第七,设立蒙古族舞蹈交流中心,传承蒙古族民族文化。蒙古族舞蹈节奏明快,热情奔放、语汇新颖、风格独特,具有很强的艺术性,但是随着外来文化的入侵,民族舞蹈逐渐走向没落,为振兴民族文化,应该加强这些民族民间艺术形式的传播,设立一些民族舞蹈交流中心,有利于传承民族文化。

第八,设立民族手工艺保护协会,举办蒙古族艺术品展览,搜集整理和记录民族手工艺术非物质文化遗产。近年来,我国民族手工艺流失严重,了解和喜爱民族手工艺的人越来越少,政府应该重视非物质文化遗产的保护和传承工作,成立社会团体,专门从事非物质文化遗产的搜集整理记录工作。

第九,中蒙联合办学,培养所需人才。建议中蒙联合办学,相互承认学历资格。培养中蒙文、蒙英文翻译人员,提高从事旅游行业人员的蒙文学习,提高蒙语水平,培养出具备蒙文书籍的编写、排版、校对、出版、翻译、教育、培训等专业能力的人才。

在中蒙国际交流与合作中,应充分发挥内蒙古自治区文化产业特区的作用,发挥内蒙古自治区在中蒙国际交流与合作过程中的特殊作用,是中蒙文化交流过程中具有划时代意义的关键举措。

第十章

内蒙古自治区在中蒙文化交流与产业合作中的特殊地位

中国民族地区国土面积613万平方千米，占总国土面积的64%。全国共有5个自治区，155个民族自治地方。中国的陆地边界线约长2.2万千米，其中近1.9万千米在民族地区，中国的边境县（区、市）有138个，其中109个在民族地区。民族地区具有古贸易路线的历史渊源优势、资源富集及沿边的区位优势、跨境的民族语言文化相通的优势及拥有广阔市场的优势。民族地区还是国家实现全面小康及确保国家长治久安的重点地区。西部大开发和兴边富民行动十余年为中国沿边开放、向西拓展提供了良好基础。西部地区与周边国家建立了相当规模的物流、资金流、信息流及人流。2014年12月国务院《关于加强和改进新形势下民族工作的意见》强调要支持民族地区新形势下的新发展。而发展民族地区文化产业与文化贸易，既是中国与"一带一路"沿线国家经贸发展的重要组成部分，更有助于增强各国民间交流与互信，对于"一带一路"战略的实施具有重要的基础性作用和深远意义。

一、内蒙古自治区具有对蒙古国独特的区位、人文、资源优势

"一带一路"战略具有明确地包括大量民族地区的各省定位。2015年3月《推动共建丝绸之路经济带和21世纪海上丝绸之路的愿景与行动》（以下简称《愿景与行动》）最终圈定18省，包括新疆、陕西、甘肃、宁夏、青海、内蒙古西北的6省（区），黑龙江等东北3省，广西等西南3省（区），上海等5省以及

第十章　内蒙古自治区在中蒙文化交流与产业合作中的特殊地位

内陆的重庆。《愿景与行动》明确了各省（区）在"一带一路"中的定位及对外合作重点方向。例如，新疆定位为丝绸之路经济带的核心区，面向中亚、南亚、西亚等深化交流与合作；云南定位为面向南亚、东南亚辐射中心；东北3省定位为建设向北开放的重要窗口。此外，还涉及多个节点城市的发展方向。而民族地区发展开放型经济，需要国家政策上的倾斜和发达地区的支持和帮助，更需要的是民族地区人民发挥自力更生、艰苦奋斗的精神，发挥自身积极性和创造性，充分利用民族地区的优势，明确自身的丝路定位，推进民族地区全方位发展。内蒙古参与"一带一路"战略具有独特的区位、人文、资源优势。

（一）内蒙古自治区具有对蒙古国的区位优势

内蒙古自治区位于中国北部边疆，由东北向西南斜伸，呈狭长形，东西直线距离2400千米，南北跨度1700千米。内蒙古自治区横跨东北、华北、西北三大区，外接俄蒙，内邻甘肃、宁夏、陕西、山西、河北、辽宁、吉林、黑龙江8个省区。土地总面积118.3万平方千米，占全国总面积的12.3%，在全国各省、市、自治区中名列第三位。

内蒙古自治区具有对蒙古国独特的区位优势。内蒙古自治区有与蒙古国、俄罗斯两国约4261千米的边境线，占全国陆地边境线的19.4%。与蒙古国边境线长约3210千米，共9个边境口岸。与俄罗斯边境线长约1051千米，有4个边境口岸。内蒙古自治区具有独特的口岸优势，并通过多年的建设形成了一个比较完备的对外开放的口岸体系，现有17个陆路空港开放口岸。其中铁路口岸2个，分别是满洲里和二连浩特。公路口岸11个，分别是满洲里、二连浩特、甘其毛都、策克、珠恩嘎达布其、阿尔山、额布都格、阿日哈沙特、黑山头、室韦、满都拉。航空口岸4个，分别是呼和浩特、满洲里、呼伦贝尔（海拉尔）、二连浩特航空口岸。满洲里、二连浩特是中国对俄罗斯、蒙古国最大的陆路口岸，承载着中俄65%和中蒙95%的陆路货物运输任务。内蒙古自治区具有独特的经贸合作优势。蒙古国、俄罗斯远东及西伯利亚地区都有强烈的发展经济的愿望，产业结构与内蒙古自治区有很强的互补性。中国"一带一路"战略创造了良好的合作机遇。内蒙古自治区具有独特的政策优势。内蒙古自治区2014年就制定了《创新同俄罗斯、蒙古国合作机制实施方案》，提出内蒙古自治区抓住中国大力推进丝绸之路经济带建设的重大机遇，经过3~5年的努力，使中国对俄罗斯、蒙古国的开放程度显著提高，初步建成以满洲里、二连浩特等口岸及城镇为主体，内联经济腹地、外接俄蒙的充满活力的沿边经济带目标。

（二）内蒙古自治区具有对蒙古国的人文优势

第一，内蒙古自治区人文历史源远流长。内蒙古自治区是中华民族古老历史的摇篮之一,也是古代中国北方众多少数民族繁衍生息的地方。文献记载古代曾有10余个游牧部族在这里活动。1947年5月1日,新中国的第一个少数民族自治区,即以蒙古族聚居为基础的内蒙古自治区宣告成立。内蒙古自治区的各民族团结一致。内蒙古自治区简称内蒙古,首府是呼和浩特市。内蒙古自治区现设9个市分别是呼和浩特、包头、乌海、赤峰、通辽、鄂尔多斯、呼伦贝尔、乌兰察布、巴彦淖尔;3个盟,分别是兴安、阿拉善、锡林郭勒;另外有满洲里、二连浩特2个计划单列市;52个旗(其中包括鄂伦春、鄂温克、莫力达瓦达斡尔3个少数民族自治旗),17个县,11个盟(市)辖县级市,21个区。呼和浩特市下辖4个区、1个旗、4个县,包括新城区、回民区、玉泉区、赛罕区、土默特左旗、托克托县、和林格尔县、武川县、清水河县;包头市下辖6个区、2个旗、1个县,包括东河区、昆都仑区、青山区、石拐区、白云矿区、九原区、土默特右旗、达尔罕茂明安联合旗、固阳县;呼伦贝尔市下辖区县包括海拉尔区、满洲里市、扎兰屯市、牙克石市、额尔古纳市、根河市、阿荣旗、莫力达瓦达斡尔族自治旗、鄂伦春自治旗、鄂温克族自治旗、新巴尔虎右旗、新巴尔虎左旗、陈巴尔虎旗。

内蒙古自治区目前居住着49个民族。其中,人口在100万以上的有汉族、蒙古族;人口在10万以上的有回族和满族;人口在1万以上的有朝鲜族、达斡尔族、鄂温克族;人口在1千人以上的有壮族、锡伯族、俄罗斯族、鄂伦春族;人口在1千人以下的有藏族、苗族、维吾尔族、彝族、布依族、侗族、瑶族、白族、土家族、哈尼族、哈萨克族、傣族、黎族、傈僳族、佤族、畲族、高山族、拉祜族、水族、东乡族、纳西族、景颇族、柯尔克孜族、土族、仫佬族、羌族、撒拉族、毛南族、仡佬族、普米族、塔塔尔族、京族、怒族、乌孜别克族、德昂族、保安族、裕固族、赫哲族。

内蒙古自治区历史上曾是北方游牧文明与中原农耕文明的交汇与融合之地,是中华文明的重要发祥地之一。东胡、匈奴、乌桓、鲜卑、突厥、契丹、党项、蒙古等少数民族曾在这里繁衍生息,在世界历史上发挥了重要作用。内蒙古自治区目前已发现1.5万处文化遗存。为了保护和挖掘丰厚的文化资源,内蒙古自治区先后提出建设民族文化大区战略(2003)、文化强区战略(2010)。大量考古遗迹和史料证明,中华民族许多文化传承的源头都可以追溯到草原深处。例如,呼和浩特的大窑文化,50万年前,与周口店北京猿人同处旧石器时代早期;赤峰市发现了中华文化的龙凤图腾(距今最早的龙——7500年前"兴隆洼文化摆塑龙",最早的凤——6300年前"赵宝沟文化陶凤杯"),以及"中华第一龙"(红山玉龙);红山文化中还发现了中国栽培最早的农作物。从草原走出的鲜卑、蒙古等民族先后统一中原,为中华民族大家庭拓疆守土。

第十章 内蒙古自治区在中蒙文化交流与产业合作中的特殊地位

内蒙古自治区不仅有连接内地与蒙古国、俄罗斯的古丝路、古茶路、古盐路的历史古道，也有与两国之间在经贸往来、地区合作、文化交流等方面的密切认同。中蒙人文交流密切，友谊源远流长。内蒙古自治区与蒙古国具有跨境的民族语言文化相通的优势。中国有30多个跨界民族与境外同一民族毗邻而居，其中8个民族建有民族国家、4个民族在邻国建有一级行政区。很多边疆民族地区与睦邻国家山水相连、语言相通、文化相同、习俗相近。新疆、宁夏等地很多民众与阿拉伯国家民众一样信仰伊斯兰教，西藏、云南等地很多民众与很多中南半岛国家民众一样信仰佛教。这些为沿线各国人民沟通交流搭建了桥梁，成为推动"一带一路"建设的有利条件。

第二，内蒙古自治区现代文化产业及文化事业发展繁荣。草原文化节成效显著。自内蒙古自治区党委、政府主办的中国内蒙古自治区草原文化节举办以来，内蒙古自治区12个盟市纷纷打出自己的文化品牌。如呼和浩特昭君文化节，包头鹿城文化节，巴彦淖尔河套文化节，鄂尔多斯成吉思汗旅游文化节和第10届全国少数民族传统体育运动会，阿拉善的胡杨生态旅游节，乌兰察布的察哈尔文化节，锡林郭勒的元上都文化节，赤峰的红山文化节，通辽的科尔沁艺术节，呼伦贝尔的达斡尔、鄂温克、鄂伦春"三少民族"风情节，满洲里的中俄蒙三国旅游节等。而105个旗县区，也都以各自地区民族风俗风情为切入点，举办那达慕、马头琴、蒙古长调、安代舞、二人台等文化节庆活动。内蒙古自治区会展部门近几年连续举办了中国民族商品交易会、北方10省区旅游交易会等全国性大型文化会展展览会、展销会和洽谈会，对旅游、餐饮、住宿、购物、交通、广告、娱乐等相关产业带来明显的拉动效应。

文艺精品不断涌现。内蒙古自治区实施"九个一批"文化工程，即培育一批文化品牌、创作生产一批文化精品、培养一批文化人才、抢救保护一批文化遗产、建设一批文化基础设施、树立一批文艺团体、命名一批文化名城名乡、建成一批哲学社会科学重点学科和研究基地、形成一批文化产业集团。历数内蒙古自治区的文化名人有德德玛、腾格尔、韩磊、斯琴高娃、三宝、麦丽斯、王新民、康洪雷、乌兰托嘎、乌兰图雅，文化艺术精品《蓝色蒙古高原》、《陪你一起看草原》、《套马杆》等无不在影视文艺界享有盛名。近年来，内蒙古自治区先后有300多项优秀剧（节）目荣获中宣部"五个一工程奖"、国家"文华新剧目奖"。

内蒙古自治区文化遗产保护和传承。2005年，内蒙古自治区在全国率先设立"草原文化遗产保护日"。先后组织实施了"内蒙古自治区民族民间文化遗产数据库"、全区非物质文化遗产普查等保护工程。2006年，内蒙古自治区和蒙古国联合申报的蒙古族长调民歌被联合国教科文组织列入"人类口头非物质文化遗产代表作"。2009年，内蒙古自治区呼麦申报世界非物质文化遗产也获成功。2013年元上都遗址进入联合国世界文化遗产。内蒙古自治区非物质文化遗产已形成六级名录体系，目前已拥有包括长调、呼麦、马头琴、那达慕、搏克、曲棍球等8大类、49个国家级非遗项目，自治区级非遗项目251个。

内蒙古自治区积极实施公共文化事业发展取得成果。推进公共文化设施建设、广播电视传输覆盖、公共数字文化建设、农村牧区电影放映等文化惠民工程，公共文化事业发展迅速，目前内蒙古自治区已基本形成具有民族特色的公共文化服务体系。自2012年8月起，内蒙古自治区启动实施"数字文化走进蒙古包"工程，利用互联网、无线Wi-Fi和3G网络，在全区范围内构建了广覆盖、高效能的公共数字文化服务网络，并通过智能手机、平板电脑、笔记本电脑等移动服务终端，为广大农牧民提供24小时公共数字文化服务。"数字文化走进蒙古包"工程有效破解了基层尤其是偏远牧区共享文化资源受限的难题，打通了公共文化服务的"最后一千米"，也改变了牧民们的文化生活和阅读习惯。

出版行业。内蒙古自治区新华发行集团在蒙古国首都乌兰巴托开设了发行基地——塔鸽塔书城；内蒙古自治区教育出版社则以中蒙合资方式成立安德教育出版文化发展有限责任公司，并经过国际竞标成功获得蒙古国两种中小学教科书的编印权和发行权，初步具备了较强的市场竞争力。

依据2014年《内蒙古自治区文化产业中长期发展规划（2013~2020年）》，内蒙古自治区按照"一核、三区、两堡、多点"产业布局，优先发展文化产业富集核心区，重点发展三个文化产业特色发展区，培育满洲里、二连浩特两个主要的对外文化贸易桥头堡，着力发展县域经济文化产业特色发展点。加强对文脉相同、地缘相近区域的统筹协调，完善特色文化产业区域合作机制，围绕区域重点产业和重点项目，推动产业要素有效配置、优势互补、相互促进。按照国家和自治区的总体部署，推动自治区丝绸之路文化产业带建设。实施"一地一品"战略，推动有历史记忆、地域特色、民族特点的特色文化产业项目建设，推出一批"一地一品"特色文化产业旗县区。

（三）内蒙古自治区具有对蒙古国的资源优势

根据中蒙两国元首2014年8月21日签署的联合宣言，双方将积极利用经贸合作的潜力和机遇，争取两国贸易额逐年扩大，在2020年达到100亿美元。双方将在中蒙矿能、互联互通合作委员会以及双边其他机制框架内，加快推动中蒙铁路、公路、口岸、铁矿、铜矿、铅锌矿、铀矿、煤炭、石油、电力、化工、汽车制造、轻工和房地产等基础设施和矿能资源大项目产业投资合作，全面提升中蒙务实合作的规模、质量和水平。

第十章 内蒙古自治区在中蒙文化交流与产业合作中的特殊地位

2014年中蒙两国签署多项合作文件，其中涉及经贸、过境运输、矿产、基础设施建设、金融等领域。如《中华人民共和国政府与蒙古国政府经贸合作中期发展纲要》、《中华人民共和国政府与蒙古国政府关于发展铁路过境运输合作的协议》、《中华人民共和国国家发展和改革委员会与蒙古国经济发展部关于成立中蒙矿能和互联互通合作委员会的谅解备忘录》、《中国人民银行与蒙古银行人民币/图格里克本币互换协议》、《中国石油天然气集团公司与蒙古国石油局合作备忘录》等，都颇受外界关注。在中蒙合作中，内蒙古自治区的资源优势凸显。内蒙古自治区地上地下资源富集，是国家重要战略资源接续地，成为重要的投资优势。

森林资源。内蒙古自治区是国家森林资源大省区之一，是中国北方重要的生态安全屏障。内蒙古自治区的森林分布有大兴安岭原始林区、11片次生林区以及各地经过长期建设形成的人工林区，全区森林面积为2366.7万公顷，森林覆盖率20.0%，森林资源总量位居全国前列。森林资源分布不均，其中，大兴安岭原始林区森林覆盖率为77.2%，大兴安岭南部山地等次生林区森林覆盖率为48.3%，其他地区森林覆盖率仅为9.7%。森林资源中阔叶林面积最大，依次是针叶林、针阔混交林、灌木林、疏林。从森林类型来看，原以针叶林为主体的森林景观逐渐被阔叶林及针阔混交林所取代。

矿产资源。内蒙古自治区是中国发现新矿物最多的省区。自1958年以来，中国获得国际上承认的新矿物有50余种，其中10种发现于内蒙古自治区，包括钡铁钛石、包头矿、黄河矿、索伦石、汞铅矿、兴安石、大青山矿、锡林郭勒矿、二连石、白云鄂博矿。包头白云鄂博矿山是世界上最大的稀土矿山。截至2013年底，资源储量居全国之首的有17种、居全国前3位的有38种、居全国前10位的有83种。稀土查明资源储量居世界首位；全区煤炭累计勘查估算资源总量8249.65亿吨，其中查明的资源储量为3950.41亿吨，预测的资源量为4299.24亿吨，居全国第1位。查明天然气地质储量17544.22亿立方米，探明石油地质储量62003.07万吨，全区金矿保有资源储量金556.90吨，银4.50万吨；铜、铅、锌3种有色金属保有资源储量4807.79万吨。

水资源。内蒙古自治区境内共有大小河流千余条，中国的第二大河——黄河，由宁夏石嘴山附近进入内蒙古自治区，由南向北，围绕鄂尔多斯高原，形成一个马蹄形。流域面积在1000平方千米以上的河流有107条；流域面积大于300平方千米的有258条。有近千个大小湖泊。全区地表水资源为406.60亿立方米，与地表水不重复的地下水资源为139.35亿立方米，水资源总量为545.95亿立方米，占全国水资源总量的1.92%。另外黄河分水58.6亿立方米，黑河分水8亿立方米。全区多年平均水资源可利用量285亿立方米，其中地表水170亿立方米,地下水 115 亿立方米。年人均占有水量 2200 立方米,耕地每公顷平均占有水量 0.76 万立方米,平均产水模数为 4.61 万立方米/平方千米。

风能资源。内蒙古自治区风能总储量 13.8 亿千瓦,技术可开发量 3.8 亿千瓦,约占全国风能总储量的 50%以上。

光能资源。内蒙古自治区光能资源居全国第二位,全区日照时数普遍在 2500 小时以上。

气候资源。内蒙古自治区气候以温带大陆性季风气候为主,全年平均气温为 0~8℃,有利于生物制药、云计算等产业发展。

旅游资源。内蒙古自治区境内有森林、草原、沙漠、湖泊、温泉、火山遗迹、少数民族风情等多种自然景观和人文景观,具有丰富多彩的旅游资源。依据《内蒙古自治区 2014 年国民经济和社会发展统计公报》,2014 年,内蒙古自治区实现旅游总收入 1805.3 亿元,接待入境旅游人数 167.1 万人次,旅游外汇收入 10 亿美元,国内旅游人数 7414.9 万人次,国内旅游收入 1745 亿元。

二、内蒙古自治区与蒙古国经贸合作的历史与现状

当前中蒙政治互信不断深化,中蒙全面战略合作伙伴关系确立。中蒙存在产业结构、市场结构的差异性和经济技术的互补性,经济相互依存度和相互关联度较高。当前中蒙经贸合作的主要障碍来源于通道与物流不畅、铁路轨道的衔接问题、回程空载问题及蒙古国部分民众对中国心存疑虑等问题。

(一)内蒙古自治区与蒙古国经贸往来的独特历史渊源

草原丝绸之路是"古丝绸之路"的重要组成部分。由中原向北穿越蒙古高原、南俄草原、中西亚北部,直达地中海,蒙元时期最为鼎盛。从 18 世纪中叶到 20 世纪初,中国北方草原还有一条横跨亚、欧大陆,绵延万里,通向蒙古高原和西伯利亚腹地的"茶叶之路"。当时的人们以骆驼为交通工具,从呼和浩特出发,终点为俄罗斯贝加尔湖一带。这条浸透着商人血汗的商道,历经 300 多年,创造了辉煌的商业奇迹。著名的"茶叶之路"有三条通道即北京—呼和浩特—二连浩特—乌兰巴托—圣彼得堡、北京—包头—额济纳—乌里雅苏台—圣彼得堡和北京—包头—乌鲁木齐—阿拉木图—莫斯科。可见,草原丝绸之路、"茶叶之路"的核心就是内蒙古自治区。

（二）内蒙古自治区与蒙古国经贸合作现状

近年来，中蒙双边经贸关系发展势头良好。2014年8月，国家主席习近平访问蒙古国时提出，要在2020年实现双边贸易额100亿美元的目标。数据显示，2002年，中蒙双边贸易额3.24亿美元，2013年增至60亿美元，占蒙古国对外贸易总额的一半以上，中国是蒙古国最大的贸易伙伴。2014年，中国对蒙古国贸易实现449.1亿美元，同比增长21.4%，其中出口136.2亿元，下降10.3%，进口312.9亿元，增长43.5%。与此同时，内蒙古自治区对蒙古国的贸易额也呈增长态势。内蒙古自治区商务厅数据显示，2014年，内蒙古自治区对蒙古国贸易额达40.97亿美元，同比增长29.8%，占全区进出口贸易的28.2%，比重较2013年提高1.9%，其中自蒙古国进口31.7亿美元，比2013年净增加11.59亿美元，同比增长57.6%，对全区进口贡献率达444.1%。在对外直接投资方面，2014年，内蒙古自治区对蒙古国投资实现恢复性增长，投资项目19个，数量同比增长13个；中方协议投资额（含增资）35278万美元，同比增长了4倍多。从产品类别看，内蒙古自治区对俄蒙出口以机电产品、传统劳动密集型产品、日用消费品和农产品为主。进口则以能源资源型产品为主，如煤炭、锯材、原木、成品油、纸浆等。

2014年11月12日，中国—蒙古国"南南合作"项目二期在蒙古国首都乌兰巴托正式启动，中蒙"南南合作"项目一期为期两年，已于2013年8月圆满结束，期间中国共派遣19名专家技术员赴蒙古国开展工作，在农牧业科学技术推广和人员培训等方面为蒙古国提供资金和技术协助。2014年3月，中国农业部、蒙古国工农业部和粮农组织三方签署了中蒙"南南合作"项目二期三方合作协议。二期项目为期两年，中国共派遣9名专家技术员赴蒙古国开展工作，项目组专家技术员将在牲畜养殖、畜牧草种植、温室种植、家禽养殖、鱼类养殖、蜜蜂养殖等领域同蒙古国开展合作，在技术推广、人员培训、设备引进等方面为蒙古国提供协助和支持，促进蒙古国农牧业产业发展。

随着中蒙"南南合作"的进一步开展，内蒙古自治区与蒙古国的双边经贸关系也将得到进一步发展。

（三）内蒙古自治区明确自身丝路定位和丝路战略

2014年，面对市场需求不足、经济下行压力加大等复杂多变的国内外形势，内蒙古自治区主动适应经济发展新常态，经济总体发展实现了稳中有进，结构调整出现积极变化，各项改革取得重大进展，社会事业有了新的进步，城乡人民生活进一步改善，打造中国北疆亮丽风景线取得了累累硕果。

2014年末全区常住人口为2504.8万人,比上年增加7.2万人。其中,城镇人口为1490.6万人,乡村人口为1014.2万人。全年出生人口为23.3万人,出生率为9.31‰;死亡人口为14.4万人,死亡率为5.75‰;人口自然增长率为3.56‰。城镇化率达到59.5%,比上年提高0.8%。

全区实现生产总值17769.5亿元,按可比价格计算,增长7.8%。其中,第一产业增加值1627.2亿元,增长3.1%;第二产业增加值9219.8亿元,增长9.1%;第三产业增加值6922.6亿元,增长6.7%。人均生产总值达到71044元,增长7.5%,按年均汇率计算折合为11565美元。全区三次产业比例为9.1:51.9:39(见图10-1)。

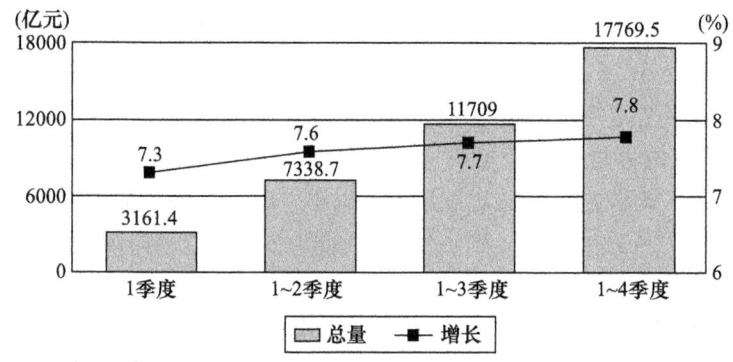

图10-1 2014年地区生产总值总量及增速(季度累计)

数据来源:内蒙古自治区政府网。

基于内蒙古自治区在中蒙俄经济走廊的重要地位。内蒙古自治区政府研究室专家提出内蒙古自治区的丝路战略定位,即内蒙古自治区应着力打造融开放之门、亚欧之路、集散之枢、先行之域于一体的"中俄蒙经济走廊"核心区。所谓开放之门,依托的重点是沿边经济带上19个常年开放口岸和2个国家重点开发开放试验区。所谓亚欧之路,是建设形成融铁路、公路、航线、光缆、能源通道于一体、连接腹地,对接俄蒙,沟通欧洲的人流、物流、信息流国际大通道。所谓集散之枢,是建设呼包鄂内陆开放型经济高地(包括建设产品集散输出基地、进口货物转化基地、区域性商贸中心、现代化国际物流中心、中俄蒙经济文化会展中心等),打造联结俄蒙与内地的集加工、贸易、流通、中继和进出口服务为一体的经济要枢。所谓先行之域,是依托国家对内蒙古自治区的特殊政策,在向北开放和构建中俄蒙经济走廊的重点领域和关键环节大胆改革,先行先试,不断取得新突破。

第十章 内蒙古自治区在中蒙文化交流与产业合作中的特殊地位

内蒙古自治区优化地方投资环境，积极扩大对内对外开放程度。在明确本地区定位的基础上，制定了行之有效、极具包容性的丝路发展战略，有效衔接国家"一带一路"规划，即参与丝路建设，发展开放型经济，加强基础设施建设，促进产业结构优化升级。首先，参与丝路建设，发展开放型经济。内蒙古自治区定位为"中俄蒙经济走廊"核心区，提出要积极开展中俄蒙跨境次区域经济合作。积极参与"中北亚经济圈"建设，在资源能源、基础设施、生态环保、产业合作、科技文化等方面谋求合作，发展外向型经济。其次，参与丝路建设，加强基础设施建设。内蒙古自治区可以充分发挥毗邻俄蒙的区位优势，把推进"丝绸之路经济带"建设同俄罗斯跨欧亚大铁路、蒙古国"草原之路"倡议进行对接，加强铁路、公路等互联互通建设，推进通关和运输便利化，促进过境运输合作，研究三方跨境输电网建设，打造"中蒙俄经济走廊"。内蒙古自治区应推进"亚欧大陆桥"建设，畅通满洲里—俄罗斯—欧洲国际铁路大通道，满洲里—大连港—营口港的出海通道；畅通经二连浩特—乌兰巴托—莫斯科—欧洲的国际铁路大通道；畅通临河、哈密、阿拉山口至哈萨克斯坦、俄罗斯、白俄罗斯、波兰、德国等欧洲国家一线的国际铁路大通道，建设环渤海湾—新疆便捷高速通道。最后，参与丝路建设，促进产业结构优化升级。"一带一路"背景下内蒙古自治区积极升级"8337"发展思路提出的"五大基地"建设，即升级建设开放型的清洁能源输出基地；升级建设外向型的绿色农畜产品生产加工输出基地；升级建设国际型的旅游观光休闲度假基地；升级建设示范型的现代煤化工生产基地；升级建设跨越型的现代装备制造基地。

内蒙古自治区各级地方政府也在积极探索本地区的丝路定位和发展规划。如2014年11月内蒙古自治区二连浩特提出二连浩特是"丝绸之路经济带"北线的重要节点，内邻环渤海经济圈，是沿边开发开放经济带、呼包银榆经济区、沿黄沿线经济带的重要组成部分，在构建北线丝绸之路经济带和打造"中蒙俄经济走廊"中处于先导地位。在二连浩特重点开发开放试验区成功获批后，国家在口岸管理、产业、财税、金融、土地、行政和人才管理等领域给予了大力支持，内蒙古自治区在便利通关、产业发展、财税政策、金融支持、用地保障、公共服务、人才支撑、基础设施建设等方面加大对试验区的支持力度，为二连浩特市加快构建"中蒙俄经济走廊"注入了新动力。从二连浩特构建"中蒙俄经济走廊"先导地位的宏观环境上看，在国际视角上，中蒙关系已经上升为战略合作伙伴关系，中俄战略协作伙伴关系不断深化，为扩大向北开放、深化经济合作提供了良好的国际环境。在国内视角上，随着西部大开发、振兴东北等老工业基地战略的深入实施，国内发达地区产业转移步伐明显加快，各类生产要素流动范围越来越大，企业"走出去"的愿望更加强烈，为借势承接产业转移、加快推进开发开放提供了现实机遇。在口岸视角上,二连浩特国家重点开发开放试验区已正式启动,会为开发开放注入新的动力,而随着发展思路的日趋完善,发展条件的明显改善以及发展潜力的不断增强,二连浩特口岸经济模式发展的良好氛围也已形成,并将以此带动整个内蒙古自治区的整体发展氛围。

三、内蒙古自治区和蒙古国文化交流与产业合作的现状

中蒙充分认识到文化合作是增进两国人民相互了解和友谊、保证中蒙睦邻友好国家关系稳定健康发展的社会基础。中蒙国家和地方政府不断加大政策支持力度。中蒙文化交流愈加繁荣,科技交流愈加深入,教育合作愈加广泛。

(一)国家和地方政府不断加大政策支持力度

一是民族地区参与"一带一路"包括文化在内的各方面建设获中央支持。2014年12月22日,中共中央、国务院印发《关于加强和改进新形势下民族工作的意见》(以下简称《意见》)。《意见》指出,深入实施西部大开发战略。要完善差别化支持政策,支持重大产业项目向民族地区优先布局,加大银行、证券、保险对民族地区的支持力度,支持民族地区以建设"丝绸之路经济带"和"21世纪海上丝绸之路"为契机,在口岸建设、基础设施互联互通等方面给予扶持。民族地区应充分利用编制《国家"十三五"兴边富民行动规划》、《扶持人口较少民族规划》、《少数民族事业规划》、《少数民族特色村镇保护与发展规划》以及各民族省区《经济社会发展规划》的契机,将国家的重大项目与民族地区的项目密切结合起来,将资源优势产业做大做强,提高民族地区自我发展能力,紧抓"一带一路"重大战略机遇,促进中国少数民族和民族地区与中亚各国共同合作与共赢。

二是内蒙古自治区制定多项政策,推动中蒙俄经贸及文化合作。内蒙古自治区与蒙古国有着很深的历史渊源,内蒙古自治区蒙古族与蒙古国人民同宗同源,语言相通、民俗相近,毗邻地区往来频繁,边民关系融洽,民间交往密切,应该也最有条件在中蒙人文领域交流中发挥更大作用。

内蒙古自治区2015年提出继续落实《创新同俄罗斯、蒙古国合作机制实施方案》,抓住中国大力推进"丝绸之路经济带"建设的重大机遇,经过3~5年的努力,使中国对俄罗斯、蒙古国的开放程度显著提高,初步建成以满洲里、二连浩特等口岸及城镇为主体,内联经济腹地、外接俄蒙的充满活力的沿边经济

带。当前，内蒙古自治区正不断优化口岸开放布局，完善口岸功能布局。通过政府引导、企业运作、财政适当补贴的多元投入机制，不断完善口岸基础设施，建设沿边开发开放经济带。特别是满洲里、二连浩特陆续获批为中国国家重点开发开放试验区之后，内蒙古自治区进一步加大了资金支持力度，每年安排15亿元用于口岸基础设施建设。此外，内蒙古自治区出台促进口岸经济发展的指导意见，西部以策克、甘其毛都口岸为重点，打造对蒙古国能源资源战略通道。中部以二连浩特、珠恩嘎达布其口岸为重点，打造对蒙古国综合加工经济带。东北以满洲里、黑山头口岸为重点，打造对俄商贸流通示范区，涵盖了经贸及文化贸易各领域。2015年7月29日，内蒙古自治区政府为加快发展生产性服务业，印发了《关于加快发展生产性服务业促进产业结构调整升级的实施意见》（以下简称《实施意见》），提出12项重点发展领域，扩大文化创意消费市场规模。包括研发设计、第三方物流、融资租赁、信息技术服务、节能环保服务、检验检测认证、电子商务、商务咨询、服务外包、售后服务、人力资源服务和品牌建设。《实施意见》提出，内蒙古自治区要发展新业态，不断提高网络购物、远程教育、旅游等服务层次水平；培育新热点，不断扩大文化创意、数字家庭、信息消费等消费市场规模，做到生产性服务业与生活性服务业并重、现代服务业与传统服务业并举，切实把服务业打造成经济社会可持续发展的新引擎；普及深化电子商务应用，创新电子商务发展模式，加快发展电子商务集聚区，吸引国内外大型电子商务企业区域总部、研发机构、服务中心、营运中心和物流中心落户内蒙古自治区，培育东鸽e购、宜齐商城、大统易购、赤峰大宗商品交易等本土电子商务企业；采取"园中园"电子商务集聚模式，支持呼和浩特金川工业园区等传统产业园区向电子商务产业园区转型，推动呼和浩特市加快国家电子商务示范城市建设，加快赤峰红山物流园区国家电子商务示范基地建设，推动呼和浩特金海工业园区、乌兰浩特物流园区等电子商务示范基地建设。到2020年，全区电子商务集聚区达到10个，区域性电子商务交易平台达到5个，特色电子商务网站达到8个，垂直型电子商务平台达到10个。

（二）文化交流更加繁荣

中蒙两国于1951年起建立文化联系。中蒙文化交流日益深远。中蒙两国政府签署了文化和教育交流与合作协定，中国政府为促进中蒙文化教育交流向蒙古国提供了大量援助和支持。使中蒙文化教育交流在发展中蒙战略伙伴关系中发挥着重要的特殊作用。根据中蒙两国政府的文化合作协定、科技合作计划、教育交流与合作计划等，两国开展了多渠道、多层次、多形式的文化交流与合作计划等。当前内蒙古自治区对外文化发展已取得了初步成绩，如内蒙古自治区教育出版社以中蒙合资方式成立安德教育出版文化发展有限责任公司,并经过国际竞标成功获得蒙古国两种中小学教科书的编印权和发行权,初步具备较强的市场竞争力。内蒙古自治区各级艺术团体采取多种形式,积极开拓演出市场,多次赴国外、区外演出。国际草原文化节、国际游牧文化节等已成为草原人民的重大节日,为文化产业"走出去"及相关产业发展提供了重要平台。在园区(基地)建设方面,中俄蒙文化创意产业园项目已于2012年8月开工建设。文化产业体系、文化产业各门类呈现出新的发展活力。2014年是中蒙建交65周年、中蒙友好合作条约签署20周年、中蒙友好交流年。其间,中蒙友好交流活动内容主要包括举办各类展览、举行各种文化交流、组织医务人员为蒙古国群众义诊、举行大型文艺演出、中国文化周等。2014年12月,蒙古国军队歌舞团访华演出交流,2015年3月,首届中蒙翻译研讨会暨中蒙文翻译家协会成立大会在蒙古国首都乌兰巴托举行。2014年12月"蒙古文化周"和蒙古国摄影艺术展在北京首都图书馆开幕。2014年8月11日,中蒙蒙元文化交流活动在内蒙古自治区乌拉特中旗甘其毛都镇德日素嘎查举行,主要内容包括中蒙少年赛马、射箭、马球等。

(三)科技交流更加深入

1987年,中蒙恢复中断20多年的科学技术交流,两国政府签署了《1987～1988年度科技合作计划》。1989年,蒙古国政府科技合作代表团访问中国。此后,双方定期举行科技合作会议和签订年度科技合作计划。1999年,中国科学院代表团访问蒙古国。根据《中华人民共和国科学技术部和蒙古国教育文化科学部2011～2015年科学技术合作协议》,为进一步推动中蒙科技合作,2013年7月15～16日,中蒙科技合作工作组会在蒙古国乌兰巴托召开。中蒙双方就共同关心的合作议题进行了深入讨论,对中蒙科技联委会机制达成了共识。在本次工作会上,中蒙双方正式启动了对蒙古科技园建设咨询规划项目、中蒙科技交流项目、中蒙联合实验室与中蒙技术转移中心工作,就推动和深化中蒙双边科技合作与交流深入交换了意见。

(四)教育合作更加广泛

中蒙两国教育交流始于1952年,中蒙关系正常化以来,两国文化与教育领域的合作关系得到发展与巩固,开展多层次、多形式文化交流与合作。在双方共同努力下,两国文化周、文化月活动实现定期化。在中蒙两国首都互设文化中心,扩大了中蒙两国人民的交流,增进了相互了解和友谊,对于中蒙关系健康发展具有重要的意义。多年来,两国在教育领域的交流与合作发展顺利。1996年,双方签署《中蒙1996～2000年教育交流与合作计划》。1998年,中蒙签署《中华人民共和国政府和蒙古国政府相互承认学位学历的协定》。2000年，双方签署《利用中国无偿援助款项培养蒙古留学生项目执行计划》。据不完全统计，蒙古国在华留学生每年约有8000人。孔子学院是从事把中国文化和汉语向全世界推广传播的非营利性单位。2004年11月在韩国首尔成立首家孔子学院，此后5年内，在88个国家和地区成立了282所孔子学院。现在正迅速向世界各地发展，已经设立420多所孔子学院，590多所孔子课堂，2012年全球注册学员达到650多万人。2008年5月，在蒙古国立大学设立了孔子学院。2010年6月，在蒙古国乌兰巴托市设立了中国文化中心。截止到2014年底，中国国务院汉办向蒙古国派遣了172名汉语教师和志愿者以及23名国家公派教师，蒙古国共有400余名汉语教师。在中国传播蒙古文化和蒙古语的最主要机构是北京大学蒙古语文化系。北京大学蒙古语文化专业主要从事蒙古国的西里尔文字和以喀尔喀口语为基准的蒙古语会话教学。北京大学蒙古语文化系自成立以来，为国家培养蒙古语文化专业人才和外交官做出了重要贡献。2004年以研究蒙古国语言、文化、社会为宗旨成立北京大学蒙古学研究中心，多次举办国际学术研讨会，为加强我们两国关系、人民友好做出了重要的贡献。

四、内蒙古自治区参与中蒙文化交流与产业合作的路径

中国沿边各省积极探索拓展与周边国家经济合作的新形式，包括建设跨境经贸文化产业合作区、产业园区；采取多种措施推进区域合作，平衡发展；创新文化产业商业模式及投融资模式；建设独具特色的文化特区等。

（一）建设跨境经贸文化产业合作区、产业园区

建设跨境经济合作区即在两国边境附近划定特定区域加快发展。包括实施特殊财政税收、投资贸易配套产业政策，跨境海关特殊监管，聚集各生产要素，辐射带动周边地区共同发展等。如云南积极推进中越（河口—老街）、中缅（瑞丽—木姐）、中老（磨憨—磨丁）三个跨境经济合作区建设。广西建设中越（凭祥—同登）跨境经济合作区。2006年中哈霍尔果斯国际边境合作中心由国务院批准设立。与"丝绸之路经济带"西北通道相比，"中蒙俄经济走廊"的运输成本低、时间短，经过的国家少、海关通关成本也低，是一条十分重要而便捷的新通道，而加强跨区域口岸合作，是建设"丝绸之路经济带"、深化中俄欧各领域

互利务实合作的重要举措。

蒙古国是内蒙古自治区的第一大贸易伙伴。蒙古国、俄罗斯、塔吉克斯坦是内蒙古自治区对外投资的主要国家。2014年10月中蒙达成共识,共同积极推进在蒙方和中国阿尔山市接壤一侧建立中蒙跨境经济合作区。阿尔山口岸"一关两检"全面入驻。跨境经济合作区建设主要涉及农畜产品生产加工、跨境旅游和商贸物流等方面。2014年6月,二连浩特市被批准为国家重点开发开放试验区。规划合作区占地18平方千米,中方的二连浩特和蒙方的扎门乌德各占9平方千米,"两国一区,封闭运行",重点业务包括发展国际贸易、加工贸易、综合保税等。跨境文化贸易的发展应积极利用政府给予跨境经济合作区的各项优惠政策,建设跨境经贸文化产业合作区、产业园区,借助蒙古国在许多国家的免税及减税待遇,推动中国文化产品国际化。当然,建设跨境经济合作区、跨境经贸文化产业合作、产业园区还面临许多困境。例如,缺乏双方国家政府共同积极推进,缺乏共识;缺乏运营模式和政策支持;缺乏可遵循的规则;缺乏准确的定位和可行性分析。这些问题的解决将直接关系到跨境经济合作区建设的成败。因此,国家政府应加强相互沟通,积极推进共同发展的政策、路径和准则。

(二) 推进区域合作,平衡发展

"一带一路"战略以推进区域合作为核心,主张平衡发展。对内开展东中西部合作,协调发展,逐步推进;对外开展区域和跨区域合作,也主张多地区经贸合作统筹发展。因此,首先需要在顶层设计和制度安排上加强统一规划,明确国家设计已出台的各省定位、产业布局、跨省交通规划、政策支持和各地协调等。其次,进行省级设计,主要解决不同城市功能、产业、物流等定位。更应注意加强省际间政策协调和产业发展统筹协调,确定各个节点省区市的产业定位和功能布局,避免各地资源、政策争抢,重复建设以及同质化竞争。

2015年3月《推动共建丝绸之路经济带和21世纪海上丝绸之路的愿景与行动》(以下简称《愿景与行动》)最终圈定18省,包括新疆、陕西、甘肃、宁夏、青海、内蒙古西北的6省(区),黑龙江等东北3省,广西等西南3省(区),上海等5省以及内陆的重庆。《愿景与行动》明确了各省在"一带一路"中的定位及对外合作重点方向。例如,新疆定位为"丝绸之路经济带"的核心区,面向中亚、南亚、西亚等深化交流与合作;云南定位为面向南亚、东南亚辐射中心;东北3省定位为建设向北开放的重要窗口。此外还涉及多个节点城市的发展。在此基础上,内蒙古自治区提出着力打造融开放之门、亚欧之路、集散之枢、先行之域于一体的"中俄蒙经济走廊"核心区,开展区域和跨区域全方位合作,举办了中俄蒙国际装备制造业博览会(内蒙古自治区)等,并在旅游、环保等方面积极开展洽谈合作。

(三) 创新文化产业商业模式及投融资模式

探索新的盈利方式,创新商业模式是文化企业提升核心竞争力的关键。目前,可借鉴的文化产业商业模式有全产业链的商业模式、文化旅游的商业模式、体育产业的商业模式、明星经纪的商业模式、数字内容产业的商业模式、动漫产业的商业模式、全媒体产业及其商业模式,并且都可以做延伸产业和衍生产品。企业在充分考虑国际国内环境的基础上,结合民族地区优势及特色,前瞻性地创新发展商业模式,如跨境电子商务模式兴起,即依靠互联网和国际物流,直接对接终端,满足客户需求,具有低门槛、低成本、环节少、周期短等优势。商务部统计数据显示,2013年中国跨境电子商务交易额突破3.1万亿元。内蒙古自治区目前共有8家跨境电子商务平台,其中有5家在二连浩特,在通关便利化方面凸显优势。

文化产业的发展还需依靠金融资本力量。民族地区应积极探索文化产业投融资创新模式,开设民营金融机构,主动对接亚洲基础设施投资银行和丝路基金,改变资金不足现状,如发挥互联网推动"一带一路"沿线国家文化贸易合作的平台作用。互联网金融模式主要有第三方支付、P2P网贷、众筹融资、大数据金融、信息化金融机构、互联网金融门户等。

第三方支付,即非金融机构作为收、付款人的支付中介所提供的网络支付、预付卡、银行卡收单以及中国人民银行确定的其他支付服务。包括快钱、易宝支付、汇付天下等的独立第三方支付模式和以支付宝、财付通为代表的依托于自有B2C、C2C电子商务网站提供担保功能的模式。第三方支付模式线上线下全覆盖,应用场景最为丰富。

众筹融资,即包括筹资人、出资人和众筹平台(中介机构)组成的用团购加预购的形式,向网友募集项目资金的模式。创意企业、艺术家或个人向公众展示他们的创意及项目,争取公众的关注与支持,进而获得所需要的资金援助。众筹模式包括奖励制众筹、募捐制众筹、股权制众筹、借贷制众筹等。其中,股权制众筹在中国发展迅速,是中国文化企业互联网金融发展的重要模式之一,包括通过熟人介绍加入,不成为股东的凭证式众筹,投资并成为股东的会籍式众筹,有明确财务回报要求的天使众筹等。

(四) 建设独具特色的文化特区

"一带一路"战略背景下,少数民族和少数民族地区应强化与沿线各国的务实有效合作。民族地区文化特区在"一带一路"战略中起到窗口、前沿和民心相通的关键作用。中国应有计划地在边境口岸城市，以当地特色为基础适当布局特色文化项目，打造文化聚集区，建设文化特区，如在满洲里建设中俄文化特区，在二连浩特建设中蒙文化特区。

1. 建设文化特区的必要性研究

2009年，广东省中山就提出了"文化特区"的设想，通过设立文化特区，可以对文化体制改革的方方面面进行更加深入的探索，进一步加快文化大发展、大繁荣的步伐。设置文化特区的总体思路可仿照经济特区的做法，在全国选择一些地区或城市，由中央确定为"文化特区"，给予一系列的优惠政策，允许这些地方全面探索推进文化体制改革。促进全社会文化事业的大繁荣以及文化产业的大发展。从顶层设计出发，一方面要把握经济文化的发展趋势，另一方面要把握文化经济化（产业化）的发展走向。因此，在设计文化特区的时候，要正确认识文化特区与全国文化发展的关系，既要通过发展文化特区为非文化特区的文化发展提供示范，引领其他区域文化的协调发展，又要与非特区的文化形态形成优势互补与协同发展的总体格局。在设置经济特区方面，我国已经积累了比较成功的经验，在设置文化特区方面，也应该允许和鼓励人们大胆探索发展文化的新思路、新方法。设置文化特区时，可以选择四类区域：一是现有的经济特区，如深圳、厦门等；二是文化资源比较丰富、深厚的区域，如山东、陕西等；三是其他经济发展水平较高的沿海地区，如上海等；四是民族文化特色比较鲜明的地区，如新疆、云南以及东北地区的一些省份。设置文化特区，必须要看该区域的文化人才以及文化产业人才的总体水平是否能够满足文化特区对人才的需求。

2. 内蒙古自治区建设文化特区之"特"

内蒙古自治区建设文化特区之"特"体现为以下四个特点：

第一，具有科学发展模式的文化产业发展试验区。文化特区应体现中国文化发展科学性、自觉性、先进性。文化特区的建设应创新理念、制度、管理及环境等，加速转变文化发展模式，并以文化推动经济贸易、政治社会、环保生态等各领域的改革和发展。

第二，建设深化文化体制改革的综合配套先行区。锐意改革、开拓进取。探索创新市场准入制度、审批监管制度、文化投资融资政策、公益文化运营改革、人才政策以及文化国际化策略、文化企事业单位组织改革等。建设对外沟通交流的文化发展高地、创意产业集聚中心、文化艺术先锋区。

第三，打造文化开放合作前沿地。在保障文化安全和文化主权前提下，在文化开放合作方面进行先行先试的探索，形成全方位、多层次、宽领域、双向的文化开放合作格局。打造跨境文化合作区、中国文化产品出口基地、文化国际化窗口区。

第四,构建中华文化形象展示区。内蒙古自治区应探索依托地方特色历史人文、现代文明元素,把特区打造成中华文化集中展示、传播基地。充分发挥文化资源优势,加大体制机制和政策创新力度,以文化引领、融合、催生经济转型发展,共同建设文化经济融合发展创新示范区。

3. 内蒙古自治区建设文化特区路径建议

中国经济的转型必须以文化核心价值观作为内在支撑,配合中国经济实现新的转型,建设中国文化特区,是时代发展的需要。以文化引领经济发展,要转变发展理念,深刻把握和领会好文化经济特区的内涵和本质要求,把握好特区的发展定位,正确处理好文化与经济、文化遗存保护与利用、硬件建设与软件建设、近期与长期的关系,确保特区建设持续稳步推进。

首先,内蒙古自治区应重点制定本地区文化特区建设基本蓝图和行动纲领,如《内蒙古自治区文化特区建设发展规划纲要》,《关于加快推进"内蒙古自治区文化经济特区"规划建设的意见》等相关政策,上报国家发改委请求批复。以满洲里、二连浩特为中心,规划建设少数民族文化经济特区,并将其打造成为中国对外交流中心区、少数民族文化传承创新区、公共文化服务体系先进区、文化经济融合发展示范区、文化创意创业人才聚集区和国际旅游目的地。在规划纲要中明确指导思想、战略定位、发展目标和重点任务,并在全面分析内蒙古自治区文化特区建设发展的内外部条件的基础上,从空间布局、基础建设、产业发展、保障措施、近期行动计划等方面对内蒙古自治区文化特区建设提出了具体工作安排。发展目标可定为5~10年,提高内蒙古自治区文化产业增加值占地区生产总值比重,提高第三产业比重和第三产业从业人数比重。提高全区人均生产总值、城乡居民收入和生活质量及综合生态环境质量等。

其次,确定内蒙古自治区文化特区建设发展原则和"整体布局、系统扩展、滚动建设"等空间发展模式。以规划为引领,以项目为抓手,转变观念、创新思路、创新制度,加速推进文化经济特区规划建设,做好产业布局、项目建设、措施保障等工作。明确产业布局。在现有文化产业发展的基础上,以建设完善满洲里、二连浩特文化产业园区为载体,进一步明确如文化旅游、教育培训、休闲体验、动漫创意、会展演艺、艺术品交易等重点特色产业。着力建设国际边境旅游目的地城市;抓住中蒙贸易发展机遇,着力打造教育培训之都;着力建设休闲度假胜地;通过大力建设会展中心创意创业园,着力构建文化创意产业发展体系;在节庆会展演艺产业上,通过培育演艺集团,提升节庆会展业影响力,发挥好边境文化会展中心作用,着力打造内蒙古自治区国际会展品牌。此外,应全面发展新闻出版发行服务、广播电视电影服务、文化艺术服务、文化信息传输服务、文化创意和设计服务、文化休闲娱乐服务、工艺美术品的生产、文化产品生产的辅助生产、文化用品的生产、文化专用设备的生产等。在此基础上，发展文化相关的旅游业、文化体育产业、房地产业、金融保险业、商贸餐饮业、现代物流业、特色现代农业畜牧业、新型工业和高新技术产业等。如尝试推进中俄、中蒙文化影视基地建设，进而延伸发展旅游业、影视道具服饰加工制造、翻译、图书出版等，还包括定期举办中蒙俄文化博览会等国际会展与商贸洽谈会等。

最后，完善法律法规组织机制等保障措施。中蒙两国需要进一步完善投资政策及其相关法律，保持其连续性和稳定性。支持两国企业间的联系，寻求合作方法和合作方式的多样性，鼓励企业积极参与社会活动并落实其责任。中国应制定出台文化特区贸易、培训、旅游等方面的体制改革方案，完善文化产业园管理委员会机构设置，建设高效顺畅的管理机制。通过互联网等渠道建设文化产业资本运作、项目开发的投融资平台。

参考文献

[1] Kumi Endo. Foreign Direct Investment in Tourism – Flows and Volumes [J]. Tourism Management, 2006 (27): 600-614.

[2] Diana Barrowlough. Foreign Investment in Tourismand Small Islands Developing States [J]. Tourism Economics, 2007, 13 (4): 615-638.

[3] UN (Dunning). Transnational Corporations in International Tourism [M]. NewYork: UN Publication, 1982.

[4] Larry Dwyer, Peter Forsyth. Foreign Tourism Investment Motivation and Impact [J]. Annals of Tourism Research, 1994, 21 (3): 512-537.

[5] Peter Forsyth, Larry Dwyer. Foreign Investment in Australia Tourism: A Framework for Analysis [J]. The Journal of Tourism Studies, 2003, 14 (1): 67-77.

[6] Chuck Y. Gee. International Hotel Management, Educational Institute American Hotel & Lodging Association, 1994.

[7] Dirk Willem te Velde, Swapna Nair. Foreign Direct Investment, Services Trade Negotiations and Development [J]. The Case of Tourism in the Caribbean, Development Policy Review, 2006, 24 (4): 437-454.

[8] 大卫·赫斯蒙德夫. 文化产业 [M]. 北京：中国人民大学出版社, 2007.

[9] 胡惠林, 李保宗. 两岸文化产业合作发展报告（2014）[M]. 北京：社会科学文献出版社, 2014.

[10] 郭周明. 国际分工视角下中国文化产业"走出去"战略研究 [M]. 北京：对外经济贸易大学出版社, 2014.

[11] 陈柏福. 我国文化产业"走出去"发展研究：基于文化产品和服务的国际贸易视角 [M]. 厦门：厦门大学出版社, 2014.

[12] 吴赟. 文化与经济的博弈 [M]. 北京：中国社会科学出版社, 2009.

[13] 中华人民共和国文化部对外文化联络局（港澳台办），北京大学文化产业研究院. 中国对外文化贸易年度报告（2014）[M]. 北京：北京大学出版社，2014.

[14] 陈少峰，张立波. 文化产业商业模式[M]. 北京：北京大学出版社，2011.

[15] 向勇. 面向2020，中国文化产业新十年（文化产业前沿报告）[M]. 北京：金城出版社，2013.

[16] 李锋. 文化产业与旅游产业的融合与创新发展研究[M]. 北京：中国环境出版社，2014.

[17] 杨积堂. 中国文化产业发展政策与法规参考[M]. 北京：法律出版社，2014.

[18] 蒂莫西（Dallen J. Timothy），孙业红. 文化遗产与旅游[M]. 北京：中国环境科学出版社，2014.

[19] 王胜今. 蒙古国经济发展与东北亚国际区域合作[M]. 长春：长春出版社，2009.

[20] 陈杰. 中国文化产业走出去战略落地研究[M]. 银川：宁夏人民出版社，2013.

[21] 赵建国. 中国文化产业国际竞争战略[M]. 北京：清华大学出版社，2013.

[22] 陈忱. 中国民族文化产业的现状与未来——走出去战略[M]. 北京：国际文化出版公司，2006.

[23] 李锡东. 文化产业的营销与管理[M]. 北京：清华大学出版社，2011.

[24] 陈振明. 公共政策分析导论[M]. 北京：中国人民大学出版社，1998.

[25] 邹统钎. 区域旅游合作模式与机制研究[M]. 天津：南开大学出版社，2010.

[26] 国家旅游局旅游促进与国际合作司，中国旅游研究院. 中国入境旅游发展年度报告（2014）[M]. 北京：旅游教育出版社，2014.

[27] 雷蒙·威廉斯. 文化与社会[M]. 长春：吉林出版集团有限责任公司，2011.

[28] 赛纳，胡巍，顾子节. 蒙古国旅游业发展策略研究——基于中国游客到蒙古国旅游的意向调查[J]. 陕西农业科学，2011（4）：240-242.

[29] 厉新建，林红，陈荣. 国外旅游业跨国经营研究评述[J]. 商业研

究，2010（11）：134-139.

[30] 刘波，臧学英. 从战略高度看京津冀文化产业的合作与发展［A］//北京市社科联，北京市科协，天津市社科联，天津市科协，河北省社科联，河北省科协. 2011京津冀区域协作论坛论文集［C］. 2011：5.

[31] 张秀杰. 中蒙旅游合作及其发展策略研究［J］. 俄罗斯中亚东欧市场，2011（6）：32-36.

[32] 张广翠，于潇. 东北振兴过程中的对外开放：中蒙合作［J］. 东北亚论坛，2007（5）：46-49.

[33] 嘎尔迪. "兴边富民"、"安邻、睦邻、富邻"与构建中蒙和谐关系［J］. 西北民族大学学报（哲学社会科学版），2007（3）：14-18.

[34] 杨晓燕. 从历史观的差异考察中蒙关系中的文化冲突［J］. 内蒙古自治区农业大学学报（社会科学版），2009（4）：324-326，328.

[35] 王优. 对中蒙政治、民族和经贸关系问题的几点认识［J］. 现代经济信息，2009（3）：127-129.

[36] 王浩. 文化认同：促进中蒙合作与发展的关键［J］. 东北亚论坛，2011（3）：117-124.

[37] 余鑫. 中蒙关系的现状与前景［J］. 对外经贸，2013（10）：21-23.

[38] 欧杰. 韩国文化产业发展与中韩文化产业合作［J］. 新经济，2015（Z2）：35.

[39] 黄耀东. 中国—东盟文化交流与合作可行性研究［J］. 学术论坛，2014（11）：137-142.

[40] 于洪洋，欧德卡，巴殿君. 试论"中蒙俄经济走廊"的基础与障碍［J］. 东北亚论坛，2015（1）：96-106，128.

[41] 马立国. 21世纪初中蒙关系研究［J］. 吉林大学，2014.

[42] 许海清. 基于利益共享的中蒙经贸合作关系研究［J］. 东北亚论坛，2011（5）：22-30.

[43] 王刚. 基于亚欧融合和支线陆桥一体化双重背景下中蒙俄的差趋性分析［J］. 东北亚论坛，2013（1）：19-30，128.

[44] 刘先鸣，张建. 关于推进中蒙关系发展的几点思考［J］. 内蒙古自治区农业大学学报（社会科学版），2006（2）：118-120.

[45] 陈维新. 东亚秩序与中蒙关系［J］. 延边大学学报（社会科学版），2015（3）：20-28.

[46] 阎亚军，赵明. 对二连口岸文化产业发展情况调查［J］. 内蒙古自治区金融研究，2014（3）：85-87.

[47] 丁玉莲,周英杰.加快文化产业"走出去"的对策研究[J].实践(思想理论版),2013(9):46-48.

[48] 方华.中蒙经贸关系的现状及前景[J].现代国际关系,2010(6):47-51,57.

[49] 周成名.关于中国对外文化贸易的思考[J].湖南涉外经济学院学报,2006(3):12-14.

[50] 高洁.从文化贸易看我国文化产业的发展[J].首都经济贸易大学,2005.

后 记

本书是在中国"一带一路"战略实施和中蒙全面战略伙伴关系确立的背景下完成的,通过对中蒙两国文化交流和文化产业合作的历史沿革的梳理,分析了中蒙在文化领域合作的基础和制约因素,阐述了加强两国文化交流与文化产业合作的重大意义和人文、经济效应,科学规划了加强中蒙文化交流与文化产业合作的战略举措和实施路径,提出支持两国文化领域交流和合作的政策体系,特别是对内蒙古自治区在中蒙战略合作中的特殊地位进行了专题研究。

本书是内蒙古自治区重点学科建设资助项目、中蒙经贸合作与草原丝绸之路构建研究协同创新中心资助项目,是内蒙古自治区文化产业研究中心、内蒙古自治区财经大学生产性服务业研究中心联合确定的重点研究项目。全书由十章内容组成,由张智荣、柴国君任主编,负责全书设计、组织和统筹工作。具体参加编写的有(以章为序):张智荣、王琳撰写序、第一章,曹荣、李景东撰写第二章、第十章,李彪撰写第三章、第八章,杨文兰撰写第四章,林海英撰写第五章,王葱葱撰写第六章,韩庆龄撰写第七章,王瑞永撰写第九章。最后由张智荣、柴国君进行了全书的通稿修改。本书在撰写过程中,一直受到内蒙古自治区财经大学学科建设规划处、科研处、商务学院的关注,在此一并表示诚挚的感谢!

尽管参加撰写的专家、学者对自己撰写的内容进行了专门的调查研究,但由于中蒙两国文化产业统计数据不完整,尤其是蒙方资料;跨国调研也存在诸多困难,加之时间仓促,水平有限,因此书中难免有不妥之处,敬请各位读者批评指正。

张智荣
2015 年 12 月